现代英语翻译理论与翻译水平提高探究

向士旭◎著

中国文联出版社

图书在版编目（CIP）数据

现代英语翻译理论与翻译水平提高探究／向士旭著．
北京：中国文联出版社，2024.12（2025.3重印）．-- ISBN 978-7-5190-5784-8

Ⅰ．H315.9

中国国家版本馆CIP数据核字第2024VF2846号

著　　者	向士旭	
责任编辑	阴奕璇	
责任校对	吉雅欣	
装帧设计	肖华珍	

出版发行	中国文联出版社有限公司			
社　　址	北京市朝阳区农展馆南里10号		邮编	100125
电　　话	010-85923025（发行部）		010-85923091（总编室）	
经　　销	全国新华书店等			
印　　刷	三河市龙大印装有限公司			

开　　本	710毫米×1000毫米　　1/16
印　　张	15
字　　数	236千字
版　　次	2024年12月第1版第1次印刷　2025年3月第2次印刷
定　　价	68.00元

版权所有·侵权必究
如有印装质量问题，请与本社发行部联系调换

导言 Preface

在全球化深入发展的今天，跨文化交流日益频繁，语言作为文化传播和国际合作的桥梁，其重要性愈加凸显，尤其是在国际交流和合作中，英语以其广泛的使用范围成为不可或缺的工具。英语翻译作为促进国际交流、传播文化思想的重要手段，逐渐受到社会的高度关注，无论是在经济、科技、教育还是文化等领域，英语翻译的质量都直接影响着跨文化交流的深度和效果。

随着中国在国际舞台上的地位不断提高，"讲好中国故事，传播中国声音"的需求愈发迫切，同时中国政府在"十四五"规划中明确提出，要提升国家话语体系的国际传播能力，这不仅是国家软实力的体现也为翻译行业的发展指明了方向。伴随对外开放的持续深化和"一带一路"倡议的推进，英语翻译行业迎来了前所未有的发展机遇，然而机遇与挑战并存，翻译行业的发展对翻译从业者提出了更高的要求——不仅需要扎实的语言基础和深厚的文化素养，还要具备国际化视野、熟练运用现代翻译技术的能力。面对日益激烈的市场竞争，翻译从业者如何提升自身能力，顺应行业发展的需求，已成为亟待解决的问题。

在此背景下，本书旨在为英语翻译专业的学生、从业者以及对翻译感兴趣的读者提供一套系统的理论和实用的翻译方法。本书不仅立足于现代翻译理论的发展脉络，梳理了翻译学的核心内容，还结合大量实例，从翻译技巧、翻译质量评估到现代科技在翻译中的应用，全面探讨了翻译实践中的重点和难点问题，通过对理论与实践的深度结合，希望帮助读者解决翻译过程中遇到的实际问题，提高翻译质量和职业竞争力。本书行文思路遵循"由浅入深，理论结合实践"的原则。在结构安排上，从英语翻译的基础理论入手，逐步深入翻译技巧与实操指导，并结合翻译市场的需求和现代科技的发展，探讨英语翻译从业者的职业发展路径。

作者衷心希望，本书能成为广大翻译从业者和翻译爱好者提升专业技能的实用指南，也能为高校翻译专业的师生提供有益的参考，无论是理论研究还是实践操作都力求为读者提供有价值的内容，若本书能在您提升翻译水平的道路上起到一些助力，将倍感欣慰。希望这本书能更好地服务于翻译领域的发展，为更多读者带来启发与帮助！

向士旭

2025 年

目录 Contents

第一章　现代英语翻译理论基础 …………………………………… 1

第一节　翻译的基本概念与原则 ……………………………………… 1

第二节　英语翻译中的语法与结构 …………………………………… 13

第三节　语境与语用在翻译中的作用 ………………………………… 24

第四节　文化因素与跨文化翻译 ……………………………………… 32

第二章　翻译理论流派与发展 ………………………………………… 41

第一节　早期翻译理论及其影响 ……………………………………… 41

第二节　功能主义翻译理论 …………………………………………… 50

第三节　语言与文化交融的翻译理论 ………………………………… 61

第四节　后现代翻译理论发展 ………………………………………… 72

第三章　英语翻译的技巧与方法 ……………………………………… 83

第一节　词汇的翻译技巧 ……………………………………………… 83

第二节　句法结构的翻译技巧 ………………………………………… 95

第三节　语篇连贯与衔接技巧 ………………………………………… 106

第四节　文体与风格的翻译 …………………………………………… 115

第四章　翻译质量评估与提高 125

第一节　翻译质量的评估标准 125
第二节　常见翻译错误的类型 134
第三节　翻译质量控制的方法 143
第四节　提高翻译水平的策略 152

第五章　现代科技与英语翻译 163

第一节　机器翻译的现状与发展 163
第二节　计算机辅助翻译（CAT）工具 174
第三节　语料库在翻译中的应用 183
第四节　人工智能与翻译的未来趋势 189

第六章　英语翻译从业人员的职业发展 197

第一节　翻译职业的基本素养 197
第二节　翻译从业者的职业规划 202
第三节　翻译行业的市场需求分析 212
第四节　提高职业竞争力的途径 220

结　语 230

参考文献 232

第一章 现代英语翻译理论基础

第一节 翻译的基本概念与原则

一、翻译的定义与发展

(一) 翻译的定义

翻译作为一门古老而又复杂的语言实践活动,其定义在不同的历史阶段和学术语境中都存在多样化的表述。从广义上看,翻译是一种将一种语言的内容转化为另一种语言的过程,目的在于准确传递原文的信息和意义,翻译不仅限于语言形式的转换,更强调在语义、文化以及语用层面的等效。奈达提出的"动态对等"理论强调译文需要在语义和文化层面与原文产生等值效果,而斯科普斯理论则更加强调翻译的目的性和受众的期待,因此翻译是一种在语言符号之间实现文化与信息跨越的有机活动,其定义随着时代的演变而不断丰富和完善。

(二) 翻译的历史发展

1. 古代翻译的起源

翻译活动可以追溯到人类语言发展的早期阶段,最初的翻译形式多见于宗教文献和行政事务的传播。在公元前的古埃及、古巴比伦等文明中,为了实现对外统治和传播宗教信仰,翻译成为沟通多语言民族的重要手段。《圣经》的希腊文译本《七十士译本》被认为是西方翻译活动的奠基之作,其宗教背景直接影响了西方翻译理论的发展。古代翻译活动的特点是注重忠实原文内容,强调语言形式的对应性,这一时期的翻译理论具有鲜明的实用性和保守性。

2. 文艺复兴时期的翻译繁荣

进入文艺复兴时期,随着欧洲文化复兴和思想解放,翻译活动迎来了前所未有的繁荣发展。此时的翻译任务集中在古希腊和古罗马经典著作的转译与传播,以推动欧洲的文化与科学发展,该时期的翻译理论开始从单一的语言忠实转向对译文语言流畅性和艺术性的关注。译者在翻译过程中融入自身理解,尝试平衡形式和内容之间的矛盾,逐步形成了"意译"与"直译"两种对立的翻译方法。

3. 现代翻译理论的多元化发展

现代翻译理论在19世纪末至20世纪初得到了极大的丰富与发展,语言学与翻译学之间的紧密联系促使翻译逐渐从一种经验性实践发展为一门独立的学科。20世纪中叶,奈达提出的"功能对等"理论突破了传统的形式主义局限,使翻译学研究进入了一个以功能主义为核心的新时代,同时纽马克提出的"语义翻译"与"交际翻译"理论以及斯科普斯理论的兴起,进一步完善了翻译理论的多元体系。从文献翻译到文学翻译,从商业翻译到科技翻译,现代翻译理论的研究视角不断扩展,以适应不同时代的翻译需求。

(三)翻译学科化的形成与发展

翻译作为一门独立学科的形成,与语言学、文学、文化研究的兴起密不可分。20世纪初,伴随着语言学结构主义理论的兴盛,翻译理论的研究逐渐趋于科学化和系统化。到了20世纪中后期,翻译研究不仅局限于语言的转换,更开始探讨跨文化传播中的语用功能和文化意义。现代翻译理论从单纯的语言研究延伸至文学翻译、法律翻译、技术翻译等多个领域,强调翻译在文化传播中的媒介作用,翻译学科化的形成不仅奠定了翻译理论研究的基础也为翻译实践提供了系统的理论指导。

（四）翻译的社会功能

1. 文化传播的媒介作用

翻译在不同文化之间架起沟通的桥梁，通过语言转换实现了文化信息的跨境传播与交流。无论是《圣经》多语种版本的出现还是古希腊哲学著作的传播，翻译都在推动文化交流、思想碰撞方面发挥着不可替代的作用，在当今全球化的语境下翻译不仅承载着文化传播的功能，还逐渐成为提升国家软实力的重要工具。[①]

2. 经济全球化中的工具作用

在经济全球化的背景下，翻译作为国际贸易与商业合作的重要组成部分，其作用愈发突出。从企业合同翻译到技术说明书的编译，翻译直接影响着跨国合作的效率与质量，现代翻译理论的实践化发展不仅为经济领域的翻译提供了理论依据，还推动了翻译技术的快速应用与创新。

3. 知识生产与学术传播的推动作用

翻译在学术研究中具有双重意义：既是学术成果传播的重要方式，又是知识生产的助力工具。无论是哲学经典的转译还是科技文献的整理与传播，翻译都在促进学术资源共享与知识创新方面发挥着重要作用，现代翻译理论的不断进步进一步强化了翻译在知识生产中的地位。

（五）翻译定义与发展带来的现实启示

翻译不仅是一种简单的语言符号转换活动，更是涉及文化、社会和经济等多层次领域的综合性实践，通过对翻译定义与发展历程的梳理，不难发现翻译活动的复杂性与多样性，要求译者在语言能力、文化理解力和实践技能上具有全面的素养。现代英语翻译理论的发展，不仅为翻译实践提供了丰富的理论支撑，也为全球化背景下的跨文化交流与合作注入了新的动力。

---

①都鸣晖.当代英语翻译教学理论及实践多角度探究——评《新时期英语翻译理论与实践的多维度研究》[J].外语电化教学,2023(1):104.

二、翻译的基本原则

翻译活动是一项复杂的语言实践，涉及多方面的语言与文化因素，为了确保翻译质量，翻译实践中应遵循一系列原则，这些原则不仅是翻译的理论基础也是实践操作的重要指导。

（一）忠实原则

翻译的第一要务是准确传达原文的信息和思想内容，这一原则要求译者对原文的理解和表达保持高度一致。忠实原则并非单纯要求逐字逐句的对应，而是强调在语义层面和情感层面再现原文的内涵，这不仅要求译文的信息与原文保持等效，还需关注细节的完整性和逻辑的连贯性，使译文能够忠实地展现原文的意图。翻译中必须充分考虑原文的语境因素，包括语言环境、社会文化背景和交际目的等。忽略语境会导致翻译内容的偏差，甚至破坏原文的完整性与真实性，因此译者需要在语境分析的基础上准确把握原文信息，将语境的核心要素融入译文以实现语言和文化的双重等效。在忠实原文的过程中需要对形式和内容之间的平衡进行权衡，形式包括语言结构、修辞手法等，内容则指信息的内涵和情感表达。为了确保译文既能忠实原文又具有可读性，译者应综合考虑原文特点与目标语言的表达习惯，在传递信息的同时适当调整语言形式。

（二）通顺原则

译文的通顺与否直接影响其可读性，只有符合目标语言表达习惯的译文才能被受众所接受。目标语言的句法结构、词汇选择以及行文逻辑等均应在翻译过程中得到充分考量，通顺原则不仅要求译文在句法上符合语法规则还需在文体风格上贴近目标语言的习惯，从而提升译文的自然流畅度。为了实现译文的清晰性与准确性，需要避免翻译中出现的歧义或模糊表达，译文的清晰不仅有助于受众理解原文的内容也可以确保译者意图的准确传递。在翻译实践中，语义清晰的译文应尽量避免烦琐冗长的表达，同时避免简单化或片面化的处理。译文的通顺性还表现在逻辑关系的严谨性上，译者需要注意段落之间的逻辑连贯，句与句之间的衔接合理性。特别是在科技文献、法律条文等对逻辑性要求较高的翻译中，逻辑关系的准确表达显得尤为重要，译者在翻译过程中应对原文的逻辑层次进行清晰梳理并在译文中合理呈现。

（三）对等原则

对等原则是翻译理论的核心理念，强调译文在语义层面与原文达到一致，这种对等并非一味追求逐字对应，而是以语义完整性为目标，力求在译文中体现原文的内涵和思想，特别是在文学翻译和文化类文本中语义对等常需要在语言转换中实现创造性表达。不同语言之间存在显著的文化差异，对等原则要求译者在翻译过程中关注文化层面的细节，避免文化隔阂对译文效果的影响。在处理文化特定词汇或隐含意义较强的表达时，译者需要通过注释或替代的方式，将文化差异转化为目标语言受众能够理解的形式，以实现文化等效。翻译的对等原则不仅局限于语义层面，还包括情感与语气的传达，这一点在文学翻译中尤为重要，译者需要对原文的情感基调和表达方式进行准确把握并在译文中通过词汇、句式等手段再现原文的情感效果，确保读者能够体验到原文的情感氛围。

（四）功能原则

功能原则是翻译理论中目的论的重要体现，其核心思想是译文的功能需与原文的功能保持一致。不同的文本类型往往有不同的交际目的，译者应根据文本类型和目标受众的需求调整翻译策略，从而确保译文在目标语境中的功能性。目标受众的文化背景、知识水平以及阅读习惯对译文功能有着直接的影响，为了实现翻译功能与预期效果的一致性，译者需要充分考虑目标受众的特点，并在词汇选择、句式安排以及文化元素处理上进行合理调整，使译文更符合目标受众的接受能力和阅读偏好。译文功能的实现不仅取决于语言形式的转换，还与具体语境的匹配程度密切相关，在翻译实践中译者应结合具体语境对译文进行细化处理，以确保译文的功能能够与语境要求相契合，达到翻译目的。

（五）简洁原则

翻译活动的核心在于信息的传递，简洁原则要求译文在准确传达原文信息的同时尽量避免冗长和烦琐的表达，特别是在新闻翻译和科技文献翻译中信息传递的简洁性直接影响译文的可读性和实用性。为了使译文清晰简洁，翻译过程中需避免对原文的过度修饰或无意义的重复，译者应从目标语言的表达习惯出发，对原文的冗余信息进行适当删减，同时保持内容的完整性与逻辑性。简洁原则不仅体现在语言的选择上，也表现在句式结构的优化上，通过对复杂句式的分解与重组，译者可以在确保语义准确的前提下提高译文的可读性与流畅性，使读者能够迅速理解译文的核心内容。

翻译的基本原则为翻译实践提供了系统化的指导框架，从忠实于原文的内容，到追求语言的流畅和功能的实现，每一项原则都蕴含着翻译实践中的深刻经验与理论依据，准确理解这些原则并灵活运用于实践中不仅能够提升译文质量，还能够推动翻译理论与实践的深入发展。

三、翻译的功能与目的

翻译作为一种复杂的跨文化语言实践活动，其功能和目的直接影响翻译的过程与结果，从语言的转换到文化的传播，翻译在不同领域和语境中承担了多重功能，且根据其任务目标表现出多样化的目的性。为了深入理解翻译的内在价值和社会意义，需要系统梳理其功能特点和目的导向。

（一）翻译的主要功能

1. 信息传递功能

翻译最基础的功能在于将源语言中的信息完整、准确地传递到目标语言中，无论是科技文献、新闻报道还是商业合同，翻译都需确保源语言的内容和语义能够无损失地被目标语言的读者理解。[1] 信息传递功能不仅要求语义的忠实再现，还需保障信息在不同语言系统之间的流畅过渡，从而让译文在目标语言环境中具备实用性和可理解性。

---

[1]彭阳华.当代高校英语翻译理论与实践的多角度探究——评《新时期英语翻译理论与实践的多维度研究》[J].外语电化教学,2022(4):2.

2. 文化交流功能

语言是文化的载体，翻译活动在不同文化之间搭建了沟通与交流的桥梁，使得文化多样性得以保存与传播，在全球化的语境中翻译的文化交流功能尤为突出。在文学翻译中，译者通过将异域文学作品转化为目标语言，使读者能够接触和感受不同文化背景下的思想、艺术和情感，进而促进了文化间的互鉴与融合。

3. 教育传播功能

教育领域中的翻译承担了学术研究、知识共享的重要任务，尤其是在国际化程度较高的现代社会，翻译已经成为推动全球教育资源流动的核心手段，通过翻译，科学文献、技术手册和教学资料等得以在不同语言之间传播，使得学生和研究者能够接触最新的国际动态，推动教育水平的提升与科研创新的实现。

4. 商业沟通功能

在全球经济合作日益紧密的背景下，翻译已成为国际商业活动中的重要工具，企业产品的说明书、跨国贸易合同、广告文案等都需要经过高质量的翻译，才能在目标市场获得认可与理解。商业沟通功能要求译者不仅要掌握目标语言的表达规范，还需对相关行业的术语和文化差异有深入理解，从而保障翻译的精准性与实用性。

5. 政治外交功能

在国际政治与外交领域，翻译是政策沟通、协议谈判以及多边合作中不可或缺的工具。政治外交中的翻译不仅需要高度忠实于原文内容，还需在表达方式上体现出语言的严谨性和文化的礼貌性，以确保多边交流的顺畅与成功，同时翻译在促进国际组织间的协作、维护世界和平中也扮演着关键角色。

（二）翻译的主要目的

1. 实现语际交流

翻译活动的首要目的在于实现不同语言之间的有效交流，使得源语言中的信息能够在目标语言中被完整、准确地呈现，语际交流的实现不仅有助于语言使用者克服语言障碍也为信息在全球范围内的流通提供了重要保障。

2. 推动文化传播

翻译的目的还在于促进文化成果的跨语言传播，使各民族的优秀文化得以被全球更多的人群了解和接受，文学作品、历史典籍和宗教文本的翻译极大地促进了文化的多样性与丰富性，成为人类文明进步的重要推动力量。

3. 支持科技进步

在科技飞速发展的时代，翻译为全球科技知识的共享与合作提供了基础支撑，科学论文、技术规范的翻译，使得不同国家的研究者能够迅速了解前沿科技成果，并在此基础上开展跨国合作，推动全球科技创新的深入发展。

4. 保障法律的适用性

法律翻译的目的是确保法律条款和文件在不同语言环境中的一致性与可理解性，以维护法律的公平与正义，无论是跨国合同中的条款翻译还是移民法、国际贸易法等法律文本的转译，都要求翻译具备高度的准确性与专业性以保障法律文件的执行效果。

5. 丰富文学创作与欣赏

翻译活动还为目标语言的文学创作和读者的阅读体验提供了新的素材与灵感，通过引入异域的文学作品，译者在丰富目标语言文学体系的同时，也为读者提供了更广阔的艺术感受空间，进一步激发了文学创作的活力与多样性。

（三）翻译功能与目的的关系

翻译的功能与目的之间存在密切的联系，功能是实现目的的手段，目的则决定了功能的具体表现形式。根据翻译的目标不同，其功能在实践中会有不同的侧重，在科技翻译中信息传递功能占主导地位，而在文学翻译中文化交流功能则更为突出，因此在翻译实践中明确翻译目的有助于指导功能的发挥，为译文的质量提升奠定基础。

（四）翻译功能与目的的应用启示

翻译的功能与目的在不同领域展现出多样化的关系，既反映了翻译的实际价值也体现了翻译活动在全球化背景下的重要意义（表1-1）。在实际翻译过程中，译者需根据任务的具体目标，灵活调整翻译策略，以实现功能与目的的统一。在处理跨文化交流任务时，应更加注重文化层面的细节传达；在科技文献翻译中，则需突出信息的准确性与逻辑性。翻译功能的多样化为译者提供了多重参考方向，而翻译目的的明确则是译者进行策略选择的核心依据。

表1-1 翻译功能与目的对应关系表

翻译功能	翻译目的
信息传递功能	实现语际交流
文化交流功能	推动文化传播
教育传播功能	
商业沟通功能	
政治外交功能	

四、翻译的分类与类型

翻译作为一种语言与文化转换的复杂实践活动，根据不同的标准和应用场景，可以被划分为多个类别和类型，这种分类方法有助于译者明确翻译任务的重点和策略，从而更高效地完成翻译工作并满足特定的目标需求。[1]

（一）根据翻译内容的分类

1. 文学翻译

文学翻译以小说、诗歌、戏剧等文学作品为主要对象，注重语言的艺术性和情感的再现。译者在此过程中需兼顾原作的文化内涵与艺术形式，努力使目标语言读者获得与源语言读者相似的阅读体验，文学翻译常面临的挑战包括隐喻、修辞等艺术表达的等效转换。

---

[1]左苗苗.基于翻译教学理论研究的翻译实践:启发与反思——评《高校英语翻译教学理论与实践探究》[J].中国教育学刊,2023(6):20.

2. 科技翻译

科技翻译以科学研究报告、技术手册、专利文献等为主要翻译内容，强调术语的精确性和逻辑的严谨性。与文学翻译相比，科技翻译更侧重信息传递的准确性，要求译者具备专业领域的背景知识和目标语言的表达能力，术语库和语料库工具在科技翻译中发挥了重要作用。

3. 法律翻译

法律翻译的任务是将法律文件、合同条款、法规条例等准确转化为目标语言，确保法律用语的精确表达与法理逻辑的一致性。由于法律语言的特殊性，法律翻译对专业术语和格式化要求十分严格，且不可出现模糊性或二义性。

4. 商业翻译

商业翻译涵盖公司报告、财务分析、市场营销材料等内容，要求译者既需掌握目标语言的商务表达风格，也需对相关行业的术语有充分了解。在商业翻译中，语气和措辞对目标受众的影响至关重要，翻译成果需兼顾专业性与易读性。

（二）根据翻译方式的分类

1. 直译

直译以忠实于源语言的形式和内容为目标，在保持语言结构的同时将信息传递至目标语言。直译适用于科技翻译、法律翻译等场景，通常在逻辑性和准确性上有较高要求，直译的优点是保留了原文的结构特征，但在某些情况下使译文不够流畅。

2. 意译

意译强调源语言信息的意义在目标语言中的灵活表达，而非拘泥于语言形式的对等。意译适合文学翻译和创意文本的处理，尤其是在需要平衡文化差异和语言风格时具有明显优势，译者需在意译中保持信息完整，同时提高译文的可读性和艺术表现力。

3. 自由翻译

自由翻译比意译更具灵活性，常见于广告文案、宣传材料等内容，译者在自由翻译中以目的为导向，可以对原文进行改写和重构，以更好地适应目标语言的文化背景和阅读习惯，自由翻译的挑战在于如何在灵活处理语言的同时，不偏离核心内容。

（三）根据翻译媒介的分类

1. 口译

口译是以口头形式进行的翻译活动，包括交替传译、同声传译等形式。口译强调即时性和流畅性，译者需要在短时间内完成语言转换，同时准确传达原文的核心信息，口译广泛应用于国际会议、商务谈判和媒体采访等场合。

2. 笔译

笔译以书面形式完成语言转换，译者有更多时间对原文进行分析和润色。笔译要求在语言的准确性、逻辑性和文化适应性方面达到较高水准，适用于文学、科技和法律文件等多种文本类型。

3. 机器翻译

机器翻译是依托人工智能和大数据技术实现语言转换的翻译方式，具有速度快、成本低的特点，然而目前机器翻译在语言的细腻性和文化表达的准确性上仍存在一定不足，需结合人工后期校对以提高译文质量。

（四）根据翻译目的的分类

1. 传播型翻译

传播型翻译以传播信息为主要目的，通常应用于新闻报道、宣传材料和科技文章等领域，要求译文语言通俗易懂、逻辑清晰、内容完整。

2. 学术型翻译

学术型翻译以学术研究成果的交流为目标，强调专业术语的使用、内容的严谨性以及学术逻辑的再现，翻译对象包括论文、学术专著和研究报告等。

3. 娱乐型翻译

娱乐型翻译以满足受众的娱乐需求为目的，涵盖影视字幕、游戏文本等领域，译者需兼顾语言的趣味性和文化的本地化，以提升受众的阅读体验和情感共鸣。

（五）翻译分类的意义与实践启示

表 1-2 翻译分类与特征对照表

分类标准	类别	主要特征
根据翻译内容	文学翻译	注重语言艺术性与情感表达
	科技翻译	强调术语的精确性与逻辑性
	法律翻译	要求语言规范，法律逻辑一致
	商业翻译	关注专业术语与受众阅读体验
根据翻译方式	直译	忠实源语言形式，适用于科技、法律文本
	意译	重视意义转换，灵活性较高
	自由翻译	目标导向，适应文化和读者习惯
根据翻译媒介	口译	即时性强，广泛应用于现场交流
	笔译	重视语言的精确性和逻辑性
	机器翻译	快速高效，需人工校对以提高质量
根据翻译目的	传播型翻译	注重内容通俗易懂，常见于新闻和科技文章
	学术型翻译	强调专业性与学术逻辑
	娱乐型翻译	语言趣味性与文化本地化兼顾

翻译的分类不仅体现了翻译活动的多样性，也为实际的翻译任务提供了清晰的指导（表 1-2）。译者在开展翻译工作时，应根据文本特点、受众需求以及目标目的，选择最适合的翻译策略和方法。在实践中，将不同类型的翻译理论与工具相结合，可以显著提升翻译质量，满足目标语境下的特定需求。这种基于分类的翻译策略，有助于译者更加高效地完成翻译工作，同时推动翻译学科的发展与深化。

第二节　英语翻译中的语法与结构

一、英语句法特点

句法是语言结构的核心，在翻译实践中，英语句法特点的识别和处理直接决定译文的逻辑性、流畅性和语义的准确性。英语句法的复杂性与其高度逻辑化的特性对翻译提出了更高要求，因此分析和理解英语句法特点有助于译者更精准地传达信息。[1]

（一）主从复合句的高频使用

英语中复合句广泛使用，特别是在学术文章、法律文件和技术说明中，层级清晰的主从复合句是常见的句式，这类句子通常由一个主句和一个或多个从句组成，且从句之间常存在逻辑关系。译者在处理此类句式时，需要精准分析各层级句子间的逻辑关系，确保译文结构清晰且信息完整。在复合句中，多重从句嵌套是英语句法的一大特点，这种句式在源语言中虽逻辑紧凑，但会导致译文出现复杂句式，处理此类嵌套时译者可以根据目标语言的表达习惯，适当分解句子结构，使译文更加易读。

（二）倒装句的强调功能

倒装句是英语中一种独特的句法结构，常用于突出句子中的特定部分，此类句子将谓语或其他成分置于主语之前，以加强语义的表达效果。翻译时需要关注倒装部分的语义功能，并在目标语言中寻找适当的句式进行表达，既要保留语义的重点也要确保译文的语法规范。倒装句在翻译实践中需根据其具体功能进行处理，条件从句中的倒装需要与上下文逻辑关系匹配，否定句倒装则需突出语气的

---

[1]刘泽林.现代英语翻译理论与教学方法研究——评《英语翻译理论的多维度阐释及其应用探索》[J].外语电化教学,2021(3):121.

严肃性，译者可采用调整语序或适当补充表达的方式，以实现语义的清晰传递和强调效果。

（三）被动语态的普遍使用

英语被动语态的使用频率较高，尤其是在科技文献、学术文章和正式文本中，被动语态可以突出动作的承受者或避免明确指明施动者。被动语态在目标语言中的表达需兼顾忠实与流畅性，翻译时需判断是否保留原文的被动结构，或根据目标语言习惯调整为主动语态。在翻译过程中，若目标语言强调施动者，需将被动语态转换为主动语态；而若突出动作或事件本身的客观性，则可以保留被动语态的表达。译者需要综合语境、文本目的以及目标读者的接受习惯，灵活处理被动语态。

（四）长句结构的逻辑紧密性

英语长句通常包含多个逻辑层次，常见于描述复杂概念或表达严谨逻辑的文本中，这些句子通过多重从句、插入语和并列结构等方式，使语义紧密衔接，译者在翻译长句时应关注语义分层的逻辑关系，将其转化为目标语言中能够清晰呈现的表达。在翻译长句时，可根据目标语言的句法特点对句子进行适当分割，将一个长句处理为两个或多个短句，同时保留句子间的逻辑衔接，这样既能确保译文易于理解又能避免源语言的冗长结构影响目标语言的可读性。

（五）句式的多样化与灵活性

英语中并列句的使用频率较高，常通过连词如"and""but""or"等连接多个短句，从而使信息密集表达。翻译并列句时需要分析并列部分的逻辑关系，如递进、对比或选择，并根据目标语言的表达习惯进行适当调整。英语中常出现省略和替代结构，以避免重复，提高语言表达的简洁性，翻译此类结构时，需确保译文的信息完整性，同时避免因省略而造成语义模糊，译者可根据目标语言的特性补充必要的成分以增强句意的明晰性。

（六）英语句法特点与翻译实践的关系

英语句法的多样性和复杂性对翻译实践提出了多重挑战，译者在处理不同句式时需要结合上下文逻辑、目标语言的表达习惯以及译文的可读性，采取灵活的翻译策略。表 1-3 总结了英语句法特点及其翻译策略，便于系统理解和运用：

表 1-3　英语句法特点与翻译策略表

句法特点	翻译策略
主从复合句	分解句子结构，确保逻辑清晰，同时保持信息完整性；在语义层面保持主从关系的准确传达
倒装句	调整语序以突出句子重点，或在目标语言中补充解释，以保持原文的语气与强调功能
被动语态	根据语境决定保留被动语态或转换为主动语态，确保语义清晰，同时符合目标语言的表达习惯
长句结构	分割长句为数个短句，同时保留句子间的逻辑衔接，优化译文的可读性和逻辑性
并列句	明确并列部分的逻辑关系，适当调整句式，使译文更贴合目标语言的表达习惯，同时保留原文语义的紧凑性

二、汉英结构对比

汉语和英语作为两种在语法结构、语序、逻辑表达等方面差异显著的语言，在翻译实践中往往对译者提出了较高的要求，准确掌握汉英结构的差异并针对性地调整翻译策略是提高翻译质量的关键。

（一）句子结构的整体特点

汉语句子在表达上更多依赖语义连贯性，即通过词语间的逻辑联系表达完整的意思，较少使用连接词和明确的语法标志，这种特性使汉语句子在形式上更加自由。与此相对，英语更依赖明确的语法规则，通过连接词、介词和时态等形合手段来连接句子成分，形成清晰的逻辑层次，在翻译实践中译者需要将汉语的隐含逻辑转化为英语中的明示逻辑，增强译文的规范性和条理性。

汉语句子通常较为松散，语序灵活且省略成分较多，但整体意义依旧不清；而英语句子则强调语法结构的完整性，句子成分需严格遵循主语、谓语、宾语的顺序，这种差异要求译者在处理汉语到英语的翻译时补全省略的主语或谓语以保证译文的语法完整性。

（二）语序与逻辑表达的差异

1. 汉语主题优先，英语主语优先

汉语句子常以主题开头，通过围绕主题展开描述，这种表达方式不一定需要严格的主谓一致性。"这个地方环境很好"是以"这个地方"为主题，而英语以主语为句子开头，句子的结构更强调主谓一致，译为"Environment here is very good"，需要明确主语是"Environment"。

2. 定语的位置差异

汉语定语多置于中心语之前，如"美丽的花园"或"他送给我的书"；而英语定语通常置于中心语之后，"the beautiful garden"或"the book he gave to me"，翻译时需要调整定语的位置，同时保持句意的连贯性。

3. 语序表达的逻辑不同

汉语表达注重上下文语义的流动性，而英语倾向于通过固定的语序体现逻辑关系。汉语中的时间状语一般置于句首，而英语时间状语灵活性较高，可以根据语境置于句首或句尾，翻译时需根据上下文调整语序，确保译文语法符合英语表达习惯。

（三）长句与短句的表达偏好

汉语倾向于使用多个短句并列的形式，通过停顿或逗号将信息逐步传递。"他去了市场，买了很多东西，回家很晚"；而英语则更倾向于使用长句，通过连接词和从句结构将句子连贯起来，"He went to the market, bought a lot of things, and came back late"。翻译过程中需灵活运用连接词或分句处理，使译文既准确

又符合目标语言的阅读习惯。汉语长句往往缺乏明确的语法标志，依靠上下文语义和逻辑关系进行理解，英语长句则更注重语法结构的严谨性，长句中常见复合句、嵌套从句等复杂句式，翻译时汉语长句需适当分解为英语短句，避免目标语言出现逻辑混乱或表达不清的问题。

（四）省略与补充的处理方法

汉语中经常出现主语或谓语的省略现象，尤其是在上下文明确的情况下，"昨天买的"省略了"东西"，但读者可以从语境中理解其含义；英语翻译中则需补全省略部分以避免信息缺失，如"the things I bought yesterday"。英语更倾向于显性表达，通过语法结构补充上下文信息，避免引发歧义，译者需在翻译过程中分析省略成分，并结合语境适当添加补充，以确保译文信息完整且语义清晰。

（五）汉英结构差异总结

表1-4总结了汉语与英语在句法结构方面的主要差异及其翻译策略，以帮助译者更好地理解两种语言间的特性。

表1-4　汉英结构差异总结表

结构特点	汉语	英语	翻译策略
句子构造	重意合，语法标志较少	重形合，语法规则严谨	增加连接词、调整句式，确保译文逻辑清晰且结构规范
语序	主题优先	主语优先	转化句子结构，调整主题或主语位置，保持语义一致性
定语位置	定语前置	定语后置	根据目标语言要求调整定语的位置，同时保持句子完整性
句式长度	偏向短句，句式松散	偏向长句，句式紧凑	分解或连接句子，灵活使用短句与长句，确保译文流畅且语法正确
省略现象	省略主语、谓语等	明确表达省略部分	分析语境，补充省略内容，保证译文语义完整且无歧义

三、语法结构对翻译的影响

在英语翻译过程中,全面理解英语句法特点是确保译文准确传达原文意义的关键,这些特点直接影响翻译策略的选择,并决定译文的逻辑性、流畅性和信息完整性。

(一)主谓宾结构的固定性

英语句子通常遵循主语、谓语、宾语的语序,这种固定的句式结构在句法中占据重要地位,这一特点保证了句子成分的清晰表达,减少了语言歧义。"The manager approved the proposal"中,"The manager"是主语,"approved"是谓语,"the proposal"是宾语,这种句法特点要求译者在翻译时注重保留主谓宾的逻辑顺序,以传达原文的完整信息。

主谓宾结构在许多正式场合使用得尤为广泛,在翻译商务合同、法律文件等正式文本时主谓宾的语序不应随意调整,译者需特别关注汉语中常见的省略主语或倒装句式,这种表达在汉语中习以为常,但若不严格处理,在英语翻译中会导致逻辑混乱。

(二)定语和状语的位置特点

英语句子中的定语和状语位置相对灵活,但其排列需遵循语法规则,定语可以位于名词前也可以位于名词后,当定语较短时,通常前置,而较长的短语或从句定语则后置。"a challenging task"中的"challenging"为前置定语,而"The task assigned by the supervisor"中的"assigned by the supervisor"则为后置定语。状语的灵活性使其可以出现在句子的不同位置,但其位置直接影响句子的重心和逻辑关系。"Carefully, she examined the documents"和"She carefully examined the documents"虽然表达内容相同,但语气和重点有所不同,在翻译时应根据原文语境合理调整定语和状语的顺序,使译文逻辑清晰且符合目标语言习惯。

(三)被动语态的广泛使用

英语语言中被动语态的使用频率较高,尤其是在学术论文、法律文书和新闻报道中，被动语态的核心在于强调动作的承受者，而非动作的执行者。"The new policy was implemented by the government" 中，"the new policy" 是被强调的主体，而非 "the government"，在翻译时被动语态的处理需要灵活判断，如果目标语言倾向于主动语态，则可以适当转换为主动形式，将上述例句译为"政府实施了新政策"。但在某些文体中，保留被动形式有助于保持正式感和中立性，因此译者需要结合文体特征和上下文进行判断。

（四）从句的多样性及其表达

英语句法中的从句形式多样，包括名词性从句、定语从句和状语从句等，这些从句在丰富句子表达的同时，也增加了句法的复杂性。"The decision that he made surprised everyone" 中的 "that he made" 是定语从句，限定了 "decision" 的具体内容，在翻译过程中需要准确识别从句的功能，并在译文中恰当地再现其作用。对于复杂的嵌套从句，可以适当将其拆分为多个句子，以保证译文的可读性和逻辑性，在处理定语从句时应注意英汉语言的修饰习惯差异，避免将从句翻译得过于冗长。

（五）虚拟语气的独特表达

虚拟语气是英语句法中的重要特点，用于表达假设、愿望或与现实相反的情况。"If I were you, I would take the opportunity" 表达了一种与现实相反的假设。在翻译时，虚拟语气需要结合上下文准确传达其语义，上述句子可译为"如果我是你，我会抓住这个机会"。在不同语境下虚拟语气的使用形式有所变化，译者需要熟悉虚拟条件句、虚拟愿望句等形式，并在译文中以适当的方式表达虚拟语气的特征，以确保译文既准确又自然。

（六）强调结构的应用与翻译

英语中常见的强调结构如 "It is... that..." 和倒装句等，旨在突出句子的某一部分。"It is the hard work that led to their success" 强调 "hard work"，在翻译时需要灵活处理这些强调结构，译文可处理为"正是努力工作带来了他们的成功"，以突出重点。强调结构在演讲、广告等场合中应用广泛，译者在翻译时需根据目标语言的语法习惯调整表达方式，避免照搬原句结构导致译文生硬或不自然。

（七）非谓语动词的灵活使用

英语中的非谓语动词，包括动名词、不定式和分词，能够简化句子结构并提高表达效率。"He left without saying goodbye"中的"saying goodbye"为动名词短语，表示离开时的状态，在翻译时需准确判断非谓语动词的功能，并选择适当的表示目的、结果或原因等译法。"To save time, they took a shortcut"可译为"为了节省时间，他们选择了近路"，以传递目的关系。

（八）语言简洁与信息传递的高效性

英语句法的另一个特点是语言简洁，尤其在科技文体和新闻文体中，通过简短句式传递关键信息。"The results confirm the hypothesis"清晰传递了实验结果与假设的关系，在翻译时需注意保持这种简洁性，避免因译文冗长而影响信息传递的效率。

（九）句法结构的灵活性与多样性

英语中句法结构的多样性体现在简单句、并列句和复杂句的交替使用，"He came, he saw, he conquered"是由三个简单句构成的并列句，语气有力、节奏感强，在翻译中译者需要根据语境选择适当的结构，既保留原文节奏，又保证译文流畅。

英语句法的特点多种多样，包括主谓宾结构的固定性、定语和状语的灵活性、被动语态的高频使用、从句的复杂性、虚拟语气的表达、强调结构的运用以及非谓语动词的灵活性，这些特点在不同文体中扮演着重要角色，译者在翻译时需要结合语境灵活运用翻译技巧，保证译文的准确性、逻辑性和可读性。在实践中，对这些句法特点的深入理解将有助于提高译者的翻译水平，确保翻译成果能够忠实原文并适应目标语言的表达习惯。

四、翻译中语法的灵活运用

在翻译过程中,语法的灵活运用是提升翻译质量、实现语言流畅的重要因素,英语和汉语在语法结构上的显著差异,使得翻译工作不仅是语言的转换,更是逻辑和文化的重塑,译者需要根据实际情况调整语法运用,使译文既忠实于原意又符合目标语言的表达习惯和读者的文化预期。

(一)语序调整与逻辑关系的体现

英汉两种语言在语序安排上存在显著差异,英语倾向于固定的主语—谓语—宾语结构,而汉语语序更加灵活且注重逻辑顺序,在翻译时调整语序往往是必要的。"The results of the experiment were analyzed by the team"可译为"团队分析了实验结果",通过改变语序并将被动语态转换为主动表达,使得译文更加自然流畅,同时避免了冗长结构带来的阅读障碍。

语序调整还涉及逻辑层次的重构,"After completing the survey, the team drafted a report summarizing their findings"可以译为"团队完成调查后,撰写了一份总结调查结果的报告",通过对语序的调整突出了逻辑关系的先后顺序,同时让句意更加清晰。

(二)长句的分解与短句的整合

英语中常见的长句和嵌套结构在汉语中可能导致阅读难度增加,因此需要适当将长句分解为短句。"The company, which was founded in 1995, has grown rapidly over the past decade due to its innovative business strategies"翻译时可分解为"这家公司成立于1995年。过去十年间,它凭借创新的商业策略迅速发展",通过将长句拆分为多个短句,保留了信息完整性,同时提升了阅读体验。

另外,汉语中连贯性的表达习惯需要将某些短句整合为复杂句式,"Technology is evolving. It changes the way people live. It also transforms industries"可以整合为"技术正在不断发展,改变了人们的生活方式,也推动了产业的变革",这种处理方式能够增强语言连贯性,同时符合目标语言的逻辑流畅。

（三）语态转换与句式灵活性

被动语态是英语中广泛使用的语法结构，但汉语更倾向于主动语态表达。将被动语态转换为主动语态是翻译中的常见做法。"The new policy was implemented by the government" 可以译为"政府实施了新政策"，这种转换不仅符合汉语表达习惯，还能增强译文的清晰度和流畅性。

在某些情况下，保留被动语态的特征也可以增强表达效果。"The victim was rescued by firefighters" 可以译为"受害者被消防员救出"，能够突出受害者作为句子主语的重要性，体现了语言的灵活性和适应性。

（四）词类转换与表达优化

词类转换是语法灵活运用的重要手段，可以帮助译者更准确地传递原文意思。"His explanation was convincing" 可译为"他的解释很有说服力"，这里将形容词"convincing"转化为名词短语"有说服力"，符合汉语习惯。

在某些情况下，动词与名词之间的转换也能使译文更贴切。"The development of technology has brought significant changes" 可译为"技术的发展带来了显著的变化"，这种词类的转换能够优化表达效果，同时适应目标语言的逻辑特点。

（五）虚拟语气的处理与语境适应

英语中虚拟语气表达假设、建议和非现实情况的结构较为复杂，翻译时需灵活转换。"If I had known earlier, I would have helped" 可以翻译为"如果我早知道，我就会帮忙"，通过将英语中的虚拟语气转化为汉语中的假设句式，忠实传递了原意。

对于某些强调强烈建议的虚拟语气，翻译时还需加入适当的表达增强语气。"It is essential that he complete the project on time" 可译为"他必须按时完成这个项目"，这种翻译不仅传递了内容，还体现了原文中虚拟语气的强调作用。

（六）文化语境对语法运用的影响

文化语境对语法的选择和调整具有显著影响，"The Thanksgiving dinner was served with turkey and pumpkin pie" 在翻译时需结合文化背景补充信息，可译为"感恩节的晚餐上有火鸡和南瓜派，这是美国传统的节日习俗"，通过补充文化背景信息，增加了译文的可读性和感染力。

在文学翻译中，文化语境的融入还需要结合修辞手法的应用，"He fights like a lion to protect his family" 可译为"他像狮子一样奋力保护家人"，这种修辞的调整使译文既符合汉语表达习惯，又保留了原文的文化特色。

（七）标点符号的调整与应用

标点符号的合理使用也是翻译中语法灵活运用的重要部分，英语中的分号、破折号和引号使用频率较高，而汉语中则常通过逗号、句号或适当的词语表达逻辑关系。"The report is comprehensive; it covers all major aspects" 可译为"这份报告内容全面，涵盖了所有主要方面"，通过将分号转化为逗号连接的句子，符合汉语的表达习惯。

在对话翻译中，标点符号的调整尤为重要。"He said, 'I will finish it tomorrow'." 可译为"他说：'我明天会完成'。"通过添加符合汉语规范的标点符号，增强了译文的流畅性和阅读体验。

语法的灵活运用贯穿翻译的各个环节，涵盖语序调整、句式变化、词类转换、语气处理等多种方法，这种灵活性不仅体现在语言结构的适应性上，还需要结合文化语境和读者需求进行调整。翻译的核心目标是忠实传递原文内容，同时创造出符合目标语言习惯、易于读者理解的译文，因此语法的灵活运用既是一种技术能力也是对翻译艺术的深刻体现。

第三节 语境与语用在翻译中的作用

一、语境的定义与分类

语境是语言理解与翻译中不可忽视的重要因素,对语言意义的确定和表达方式的选择起到关键作用。语境不仅是语言存在的外部环境也是语义生成和传递的重要基础,理解语境的内涵与类型有助于译者在翻译过程中更精准地把握语义并进行文化信息的转换。

(一)语境的定义

语境指的是语言使用所依赖的环境和条件,包括语言的内部结构及其在社会和文化中的使用环境,语境既包括语言的上下文关系,也涵盖非语言因素如文化背景、交际目的和社会习俗等。语言表达的意义并非单纯由词汇和句法结构决定,而是在特定语境中生成并被接受者理解,翻译作为跨语言、跨文化的活动,离不开语境的制约和支持。

从语言层面看,语境包括词汇、句法、语义的组合关系以及前后文的意义关联;从社会文化层面看,语境则涉及交流双方的身份、文化背景、交际意图等多种因素。在翻译过程中,如果忽略语境会导致语义偏差或误解,甚至引发文化误读,因此语境的分析和运用是翻译实践的重要环节。

(二)语境的分类

语境根据其构成要素与作用范围可以划分为不同类型,每一种类型在语言理解与翻译中均具有独特功能。

1. 语言语境

语言语境指的是文本内部的语言环境,包括上下文关系、句法结构、语义连接等要素,语言语境是由词汇和句子在文本中相互作用而构成的,通过其提供的线索能够帮助译者理解语言的确切含义和内在逻辑。

在语言语境中，词汇的多义性是一个常见问题，"bank"在缺乏上下文时表示"银行"或"河岸"，通过分析上下文关系可以明确其具体含义并在翻译中选用正确的译词。语言语境对于连贯性和衔接性的表达也起到重要作用，某些代词的指代关系只有结合上下文才能正确译出。

2. 文化语境

文化语境是语言存在的社会文化背景，涉及特定文化中的价值观、习俗、历史传统和社会规范等。语言表达的深层含义往往与文化因素密切相关，尤其是在涉及隐喻、俚语、历史典故或宗教表达的情况下，文化语境的作用尤为突出。

在翻译过程中，如果忽略文化语境会导致译文失去原文的文化色彩，甚至引发误解。英语中的隐喻性表达如"piece of cake"，字面意思为"一块蛋糕"，但实际含义为"轻而易举"，若不结合文化语境进行翻译，会使目标语言的读者无法理解其真实含义。在句子"The math test was a piece of cake for me"中，如果忽视了文化语境，仅按照字面意义翻译为"数学考试是一块蛋糕"，会使目标语言读者无法理解其实际含义，结合文化语境该句应被翻译为"这次数学考试对我来说轻而易举"，以传达其正确的语义。文化语境的考虑不仅关乎语言层面的准确性，还直接关系到译文是否能够被目标读者接受和理解。

3. 社会语境

社会语境主要指语言使用者在交流中的社会角色、身份地位和交际目的，这一类型的语境关注语言在特定社会环境中的使用方式，正式与非正式场合中的语言风格差异。

在翻译实践中，社会语境的分析有助于译者选择适合目标读者的表达方式，在翻译商业合同或法律文件时需要使用正式、严谨的语言风格，而翻译文学作品或口语对话则可以选择更具表现力或更为口语化的风格，社会语境的掌握可以帮助译者更好地传递原文的语气、语态和情感。

4. 情境语境

情境语境是语言发生的具体场景和背景，包括时间、地点、参与者以及事件的发展过程等,情境语境往往通过语言的语调、语气以及话语的动作背景等非语言元素体现出来。

在翻译过程中,情境语境的分析需要结合语言之外的信息进行解读,一段台词的语义与角色的语气和表情密切相关,而这些信息无法直接从文字中获得,译者需要将语言的情境因素转化为目标语言中可以接受的表达方式,从而使译文更符合交际场景的需求。

(三)语境的作用

语境对语言理解和翻译的影响贯穿始终,其作用不仅体现为语义的界定还直接影响语言形式的选择和文化信息的传递。语言语境为翻译提供逻辑线索和语法框架,文化语境则为译者揭示语言背后的文化内涵与背景。

社会语境和情境语境的分析帮助译者在翻译中保持语用层面的适切性,使译文更贴近目标语言的表达习惯和社会文化规范,无论是语言结构、语义理解还是文化转换,语境的作用都是不可替代的。译者在翻译中应全面分析并灵活运用语境,以实现信息的精准传递和语言的自然表达,语境的分类与功能不仅丰富了翻译理论的体系也为翻译实践提供了重要的指导,掌握语境的特点与规律,是提高译文质量的重要途径。

二、语用学在翻译中的作用

语用学是研究语言使用过程及其在特定情境中意义的学科,其研究内容涵盖了语言形式、交际目的和社会文化背景等多个层面。在翻译实践中,语用学为译者提供了理论指导,帮助解决语言转换过程中语义、语境和文化等复杂问题。

(一)语用预设对翻译的影响

语用预设是语言交流中隐含的假设或背景信息,是交际双方共享的知识基础,译者在翻译时需要准确识别源文本中的语用预设,并判断其在目标语言中的适用性与接受程度。如果忽略语用预设,译文会导致信息不完整或意义偏差。在某些文化中某些表达默认承载了具体的社会背景,而直接翻译成另一种语言会丧失这些隐藏的意义，进而削弱译文的传递效果。

在翻译过程中，如果目标语言的读者缺乏源语言语用预设的背景知识，译者需要通过补充信息或调整表达方式，使译文能够传递原文的全部语义。某些西方文化中的习惯性表达，若不加说明，会在汉语读者中引发困惑，通过对语用预设的分析和适当补充，可以帮助目标读者更好地理解源文本的核心内容。

（二）语境依赖性与语义理解

语言表达的语义往往离不开具体的语境，语用学强调语言在不同语境中的意义变化。在翻译中译者需要关注语言表达的语境依赖性，确保译文的语义准确传达，英语中的许多表达在不同语境中具有多重含义，只有结合上下文语境才能选择正确的译词并准确传递信息。

在翻译过程中，语用语境的变化会直接影响翻译策略的选择，译者需要根据目标读者的文化背景、语言习惯和交际需求，调整语用语境的处理方式。某些幽默表达或双关语在不同文化中的语境依赖性强，直译往往无法传递原意，需要采用意译或改写的方式重新构建语境以实现预期的交际效果。

（三）礼貌原则在翻译中的作用

礼貌原则是语用学中的重要概念，其核心在于语言的得体性和交际的适应性，翻译时礼貌原则直接关系到译文是否符合目标语言的社交规范和文化习惯。英语中礼貌表达强调简洁性，而汉语中礼貌则更注重语气的柔和和语词的谦逊，在这种情况下翻译需要根据目标语言文化中的礼貌标准，调整语言形式，以实现译文的得体性。

在翻译正式文本或商务文件时译者需要特别关注礼貌原则的实现，英语正式信函中常见的礼貌表达"Would you kindly..."在翻译成汉语时需要体现同样的敬意和正式感，可以译为"请您考虑……"，以确保译文在礼貌程度上与原文一致。

（四）言语行为理论的翻译意义

言语行为理论认为，语言不仅是信息传递的工具，还具有指令、承诺、请求、建议等多种功能，翻译中译者需要识别源文本中的言语行为类型，并在目标语言中准确传递其功能。一个表面上是陈述句的表达，实际具有建议或警告的功能，在这种情况下译者需关注言语行为的真实意图，确保译文既符合语言形式也能够体现原文的交际目的。

言语行为的表达方式在不同文化中存在显著差异，某些直接的言语行为，如命令或请求，在特定文化中被视为不礼貌，翻译时需要调整语气以适应目标文化。英语中的命令语气句式"Do it now"在翻译成汉语时可以调整为"请尽快完成"，以降低直接语气的冒犯性。

三、语境对翻译的制约

语境是语言意义生成和表达的重要条件，在翻译中对译者的理解和表达产生直接的制约作用，语境不仅限定了语言的具体意义还影响到语言形式的选择以及文化信息的传递。

（一）语义层面的制约

多义词在不同语境中呈现完全不同的含义，而其具体意义需要依赖上下文进行判断。在翻译过程中，如果忽视语境则会导致译文在语义层面产生偏差。英语单词"interest"在"interest rates are rising"中表示"利率"，而在"he has an interest in art"中则表示"兴趣"，译者需要通过语境判断出其具体语义，并选择最适合的译词以确保译文准确传达原文的核心内容。

语言中常出现模糊性表达，这些表达的具体含义通常依赖语境来界定，翻译中，如果对模糊表达的语境缺乏分析会导致译文含义不明确或偏离原意。"I'll see you later"可以表示"待会儿见"或"改天见"，需结合具体场景和上下文决定其翻译方式。译者在处理这类句子时，需要细致分析语境，并在目标语言中做出恰当的表达。

（二）文化层面的制约

文化特定词汇是某种文化特有的表达方式，其含义通常无法直接对应到另一种语言中，英语中的"Thanksgiving"不仅指一个节日还包含了关于家庭团聚和历史背景的丰富文化内涵。翻译时如果不结合文化语境进行处理，会使译文失去原有的文化深度，译者在处理这类词汇时需要通过注释、意译或文化替换等方式，将源语言的文化信息传递给目标读者。

惯用表达往往是语言和文化结合的产物，其含义只有在特定文化语境中才能被正确理解。英语中的表达"break the ice"并不指打破冰块，而是指缓和尴尬的气氛，翻译这类表达时若目标语言没有对应的习惯用语，需结合语境进行意译以便传递原文的真实含义，可以将其翻译为"打破僵局"或"活跃气氛"。

（三）社会层面的制约

语境中交际双方的社会角色对语言的选择有直接影响，正式场合下语言表达通常更加规范和礼貌，而非正式场合则更为随意和口语化，翻译过程中译者需充分考虑交际双方的身份和交际目的。商业合同中的句式多正式而严谨，翻译时需保持语言的专业性和权威性，而在文学作品的对话中，则可以采用更口语化的表达方式，以增强译文的代入感。

语言在不同社会阶层间的使用方式存在显著差异，翻译时需关注源文本中是否体现了这些差异，并在目标语言中再现相应的语言风格。上层社会的语言表达更加注重优雅和礼仪，而底层社会的语言则更为直接或带有俚语色彩，译者需要根据语境判断语言风格并在目标语言中寻找最合适的表达形式。

（四）情境层面的制约

语言的具体含义往往受到发生场景的影响，翻译时译者需充分理解源文本中的情境因素，并将这些因素体现在译文中。句子"Can you open the window？"在正式场景下是礼貌的请求，而在非正式场景中则是一种简单的提议，译者在翻译此类句子时，需要结合情境判断出其真实意图并选择恰当的翻译方式。

非语言信息，如表情、手势、语调等，对语言的理解和翻译有重要影响，这些信息在书面翻译中无法直接传递，译者需要结合上下文或通过补充文字来弥补非语言信息的缺失。在戏剧翻译中，某些台词的语气需要通过舞台指令或旁白来展现，而这些信息应在译文中得到适当体现，以增强表达效果。

四、基于语境的翻译策略

（一）语言语境中的翻译策略

多义词的具体含义往往依赖于上下文关系，翻译时需结合语言语境准确判断其意义，某些词汇在不同场合承载完全不同的语义，如果译者忽略语言语境中的细节信息，会导致错误的词义选择。翻译时需在分析上下文的基础上，优先选择符合整体语境的译词，以确保译文的精准性和一致性。

语言语境对指代关系的解析有直接作用，尤其在涉及代词或代词短语的翻译中，指代关系的明确性与译文连贯性密切相关，翻译时需结合上下文背景，确保代词指代的清晰。某些代词在原文中指代多层含义，译者需要通过上下文推断其实际所指，并在目标语言中明确表达。

（二）文化语境中的翻译策略

文化特定表达的意义通常依赖于文化背景，翻译时需在保持原文文化信息的基础上，使译文能够被目标读者理解。某些文化习惯用语在直译后无法体现其原本意义，译者需结合文化语境采取意译、解释或替代的方式。在涉及节日、典故或历史事件的表达中，文化背景的差异会导致目标语言读者无法直接理解，这时需要适当调整语言形式，以便译文既保留原意，又具有可接受性。

文化语境导致某些原文表达在目标文化中产生不适或误解，翻译时需要通过调整表达方式或增加注释的方式避免这种冲突。尤其在文学翻译或广告文案中，文化冲突直接影响读者的情感接受度和译文的传播效果，因此译者需在文化语境与目标读者之间找到平衡点，确保译文既忠实于原文，又能够适应目标文化的特点。

（三）社会语境中的翻译策略

社会语境决定了语言风格的选择，正式场合中的语言表达需体现严谨性和礼貌性，而非正式交流则允许更加口语化的语气，翻译过程中需分析原文的社会语境，并选择符合目标语言习惯的表达方式。商业文件翻译需保持语言的专业性，而日常对话翻译则需增强语言的自然性，以便目标读者更容易理解和接受。

社会语境中的角色关系影响语言表达的语气和态度，上下级关系、亲密程度等都会体现在语言使用上，翻译时需结合原文中交际双方的社会身份，选择合适的译文风格。在涉及礼貌表达或指令性语言时，需要综合分析社会语境，确保译文的语气符合交际双方的身份和关系。

（四）情境语境中的翻译策略

语言的具体含义在很大程度上受到情境的影响，翻译时需结合语境选择适当的语义表达，某些语言表达因情境变化而产生不同的语义，如同一句话在正式场合和非正式场合的意思完全不同。翻译时需要充分理解原文中的情境因素，并在目标语言中还原这种情境，以确保译文的准确性和连贯性。

情境语境对语言的情感表达有重要影响，尤其在文学翻译中，情感表达往往通过语气、语调甚至非语言信息呈现，翻译时需将这些情感信息通过文字形式在目标语言中传递，并结合情境调整语言的语气和词汇选择。一段带有幽默或讽刺的语句会在直译后丧失原有情感，需要根据目标语言的表达习惯进行改写或补充，以增强译文的感染力和表现力。

（五）综合语境中的翻译策略

语境的分类并非绝对独立，语言语境、文化语境、社会语境和情境语境常常交织在一起，共同影响语言的意义和表达方式，翻译过程中需对多层语境进行整合分析，并在不同层面找到最佳的翻译策略。一篇科技文献既需要关注语言语境中的术语准确性，也需要在社会语境中体现专业风格，同时在文化语境中避免文化冲突。

翻译的最终目的是实现语言信息在目标语言中的有效传递，因此语境适配需以目标读者的需求为导向，翻译时需在保持原文信息的同时，根据目标语言读者的文化背景和理解能力进行调整。针对专业性较高的文本，可适当增加术语的解释，而对于面向普通读者的文本，则需尽量简化语言以增强可读性。

第四节　文化因素与跨文化翻译

一、文化在翻译中的地位

文化是语言的载体，也是翻译过程中不可忽视的重要因素。翻译不仅是语言符号的转换，更是文化意义的传递和交流①。翻译活动贯穿于不同文化背景下的语言系统，文化在翻译中的地位直接影响着语言意义的准确传达和跨文化交流的顺利实现。

（一）文化在语言意义中的嵌入性

语言作为文化的表现形式，始终承载着文化的内涵与背景，翻译中单纯依靠字面意义往往无法完整表达原语言的文化特质。某些文化特定词汇或习语在没有对应文化背景的目标语言中难以直接翻译，导致译文丧失原文的语义深度或文化独特性。在翻译过程中，译者需要将语言与其文化语境结合，准确理解原文中的文化信息，并在目标语言中以适当的形式加以呈现，从而实现语言和文化的共同传递。

文化背景对语言中词汇和表达的具体意义具有决定性作用，离开了文化背景的语言无法被正确解读。英语中的"snowball effect"不仅仅表示雪球的滚动，还包含了事件影响逐渐扩大的隐喻意义，而在不同文化中没有完全对应的表达形式。译者在处理这些词汇时需要结合文化背景选择适合目标语言的表达方式，确保译文既忠实于原意又能被目标读者接受和理解。

（二）文化在翻译过程中的制约作用

不同文化在价值观、思维方式和社会规范上存在显著差异，这些差异对翻译

---

①罗茜.多维度下英语翻译理论与英语翻译教学数字化——评《英语翻译理论的多维度阐释及其应用探索》[J].外语电化教学,2021(5):117.

的语言选择和表达方式产生直接影响。某些语言表达在目标语言文化中具有不同的联想或情感色彩，需要译者通过调整语言形式或使用注释等方法来消除文化差异带来的理解障碍。翻译中的文化制约作用要求译者在处理文化差异时，既要尊重源语言文化的特性，又要适应目标语言读者的文化习惯。

隐喻和文化符号作为语言中重要的文化元素，其意义往往无法通过直译传递。"a red flag"在西方文化中通常代表危险或警告，而在某些其他文化中有完全不同的象征意义。译者在翻译这些文化符号时，需要深入理解源语言文化中的象征意义，并结合目标语言文化重新构建隐喻，以确保文化信息的传递与译文的可接受性。

（三）文化因素对翻译方法的指导

文化因素在翻译中直接决定了直译和意译的适用范围与优先次序。在科学技术类文本中，文化因素对语言表达的影响较小，直译更能够体现源文本的专业性和精确性。而在文学或文化类文本中，文化因素的作用更加突出，意译则有助于传递原文的文化内涵和情感信息，译者需根据文本的类型和读者的接受水平，在直译和意译之间做出适当选择。

某些源语言中的文化信息在目标语言中缺乏对应表达，直接翻译会导致译文无法被目标读者理解或接受，为解决这一问题，译者可通过适当补充或改写的方式，将文化信息以注释、解释或替代表达的形式传递给目标语言读者。某些文化典故在目标语言中没有对应背景，可以通过简要说明其历史渊源或象征意义，帮助读者更好地理解译文内容。

（四）文化在跨文化交流中的桥梁作用

文化翻译不仅是语言意义的转换，更是跨文化交流的桥梁，翻译过程中文化因素的适当传递可以促进不同文化之间的理解与融合。在文学翻译中，原文中的文化内涵、生活习俗和历史背景的还原与再现，能够帮助目标语言读者更深入地了解源语言文化，通过翻译文化中的共性与差异得以展现，这不仅有助于消除文化隔阂也推动了多元文化的传播与发展。

在全球化的背景下，翻译活动日益成为文化交流与传播的重要手段，文化因素在翻译中的传递，有助于不同文化之间的相互理解和尊重，推动了文化的多样性与全球化进程的同步发展。在国际商务或旅游领域，翻译活动对文化习俗和语言表达的准确传递，能够显著提升跨文化交流的效率和质量。

二、文化差异的识别与理解

（一）语言表达方式的差异

词汇作为语言的基本单位，在不同文化背景下承载的意义和使用方式大相径庭，某些词汇在一种文化中具有特殊的象征意义或文化联想，但在另一种文化中却完全没有对应的概念。"lotus"在东方文化中象征着圣洁与纯洁，而在西方文化中没有类似的文化联想，翻译时需要识别源语言词汇的文化特性，并选择目标语言中能表达相似意义或情感的词汇，确保文化信息的传递。

不同语言的语法结构反映了各自的文化思维方式，英语强调主谓宾的逻辑关系，而汉语更注重整体性和语义流动性，这种语法差异要求译者在翻译时进行结构调整，以适应目标语言的表达方式。英语的长句常通过从句、介词短语等方式构成严密的逻辑层次，而汉语更倾向于将长句拆解为短句，以增强语义的直观性和清晰性。

（二）思维方式的文化差异

不同文化对逻辑性和直觉性的偏好在语言表达中表现得尤为明显，西方文化倾向于线性逻辑思维，语言表达更注重因果关系和逻辑层次，而东方文化更偏好整体感知和直觉表达。西方文章的结构通常强调总分关系，而东方文章则更多使用并列结构表达多重意义，译者在翻译时需关注这种思维方式的差异，根据目标语言的逻辑习惯对译文的结构和语序进行调整。

语言表达的抽象程度在不同文化中存在差异，西方语言常以抽象概念为基础展开叙述，而东方语言则更倾向于通过具体事例或形象化描述传达抽象意义。翻译时，如果直接采用源语言的表达方式会导致译文过于抽象或过于具体，不符合目标语言读者的阅读习惯，因此译者需要平衡抽象与具体的表达，确保译文既忠实于原文又适应目标文化的接受水平。

（三）价值观念与社会规范的差异

不同文化对个体和集体的关注程度有所不同，西方文化强调个人主义，语言表达中常突出个体的独立性与自主性，而东方文化更注重集体主义，语言表达常体现群体利益或社会和谐。在英语中，"I achieved the goal"更强调个人成就，而在汉语中则表达为"我们完成了目标"，突出集体努力，译者需要根据目标语言的文化背景调整主语或叙述方式以契合文化观念。

礼貌在不同文化中有不同的表现形式，西方文化中常用直接表达表示尊重，而东方文化更倾向于使用间接表达体现谦逊，在翻译礼貌用语时需要考虑目标语言文化中的礼仪规范，避免因为直译而显得突兀或不礼貌。"Would you please open the door?"在英语中是一种非常礼貌的请求，但直接翻译为"你开门好吗？"显得不够正式，需根据语境调整为"麻烦您开一下门"。

（四）文化习俗与象征意义的差异

语言中常包含特定的文化象征意义，而这种象征意义因文化背景不同而完全改变。在西方文化中，"white"象征着纯洁和神圣，而在部分东方文化中，"白色"与哀悼和死亡联系紧密，译者需要注意这些象征意义的差异，在目标语言中寻找具有类似联想的表达，或通过注释等方式解释其文化背景，以避免误解或歧义。

不同文化对节日的庆祝方式和情感表达存在明显差异，翻译时需特别关注节日和传统相关内容。英语中"Thanksgiving"承载了家庭团聚和感恩的文化意义，而在汉语中需通过解释或改写传递这一信息，译者需要结合目标语言文化，对源语言中的节日和传统进行适当的本地化处理，确保译文能够被目标读者理解和接受。

（五）翻译中的文化适配策略

文化差异要求译者在翻译过程中灵活调整语言表达，使译文在语言形式和文化意义上适应目标语言读者的接受能力和阅读习惯。在处理文学作品时，译者需注重语言的文化色彩和情感表达，而在处理科技文本时，则需突出语言的精确性和专业性，这种动态适应的策略能够有效平衡语言转换中的文化差异，提升译文的文化适配性。

源语言中的某些文化特定表达在目标语言中完全缺失，直接翻译会导致信息不完整或误解，针对这种情况，译者需采取补偿或重构的方式，通过注释、解释或改写的形式传递文化信息。某些英语俚语或典故在汉语中没有对应表达，译者可以通过描述其背景或意义，帮助目标读者更好地理解文本内容。

三、跨文化翻译的策略

（一）文化信息的直译与意译平衡

某些文化特定的语言表达，在目标语言中可以通过直译保留原文的语言形式和文化内涵，尤其在学术、法律和科技类文本中，直译能够最大限度地保持信息的完整性与客观性。然而直译的适用性依赖于目标语言和文化背景的兼容程度，如果源语言的文化信息在目标语言文化中无对应概念，直译会导致译文难以被目标读者理解。

意译更注重传达源语言的意义与文化内涵，而不是拘泥于语言形式，当文化差异较大或目标读者对源语言文化缺乏了解时，意译能够在语义层面进行调整，使译文更贴近目标文化。涉及隐喻、习语和俚语的翻译，通常需要通过意译来重新构建语义和文化信息，确保译文具有语义流畅性和文化适应性。

（二）文化缺失的补偿与扩展

源语言中某些文化特定表达在目标语言中缺失对应概念，如典故、历史事件或独特的文化符号。针对这类情况，译者需要通过补偿策略，将这些文化信息以注释、解释或改写的形式补充到译文中，帮助目标读者了解源语言文化。某些西方文学作品中提到的"Fourth of July"具有特殊的历史与文化意义，在翻译时需解释其指代美国独立日及相关文化背景，以避免信息遗漏或误解。

扩展策略是在源语言文化信息相对贫乏，而目标语言文化对相关信息需求较高的情况下使用，通过扩展，译者可以在译文中加入更多符合目标读者文化背景的信息，使译文更具有吸引力和接受度。在文化科普类文本中，译者可以适当增加与目标语言文化相关的内容，帮助读者更全面地理解译文。

（三）文化差异的转化与等效

文化象征意义在不同语言和文化中表现出完全不同的联想或情感，颜色、动物、数字等文化符号。在翻译时如果直接沿用源语言的象征意义，将导致译文无法被目标读者接受或引发误解，通过文化转化策略，译者需将源语言的象征意义转化为目标语言中具有类似联想的文化符号。英语中"green"象征环保或新生，而在汉语中需要补充解释其内涵，以便目标读者理解。

功能等效是跨文化翻译中的核心策略之一，强调在目标语言中重构源语言的文化功能与交际目的，而非机械复制其语言形式。英语中"God bless you"是一种常见的祝福语，而在汉语中则需选择等效的表达，如"保重"或"祝福你"，以便更好地传达语境中的情感功能。

（四）文化背景信息的注释与省略

注释是一种直接补充文化信息的翻译策略，适用于源语言文化背景较为复杂或目标语言读者对其了解较少的场景，通过注释译者可以在不改变源语言表达的基础上，向目标读者提供额外的信息支持。然而注释的使用需考虑目标文本的文体和读者群体，文学作品的翻译中可以适当增加注释以解释文化背景，而在新闻翻译中则应尽量减少注释，以免影响文本的连贯性与可读性。

某些源语言文化信息对目标语言读者无实际意义，或在目标语言文化中有更简单的表达方式，在这种情况下省略策略可以提高译文的简洁性和流畅性。某些西方节日的具体细节在汉语翻译中被简化为"某节庆活动"，以适应目标读者的理解能力，省略策略需谨慎使用，避免因信息缺失导致译文意义不完整或读者误解。

(五) 语言风格的文化本地化

语言风格在不同文化中的表现形式存在显著差异,正式场合与非正式场合的语言语气和情感表达是不同的。译者在翻译时需结合目标语言文化调整语气与情感表达方式,以确保译文符合目标语言的交际规范。西方商务信函中的"Dear Sir or Madam"在汉语翻译中应调整为"尊敬的先生/女士",以体现目标语言文化中的礼貌习惯。

语言表达的自然化是指译文应避免机械翻译,确保其语言形式与目标语言文化背景相契合。某些西方文学作品中的长句和复杂从句,在汉语翻译中需适当分解为短句,以符合汉语的阅读习惯并提升译文的可读性。自然化处理需在不偏离原文核心信息的前提下进行,以保证译文的流畅性和文化适应性。

跨文化翻译的策略需要在语言转换与文化适应之间找到平衡点,通过直译、意译、补偿、转化、注释等多种手段,在目标语言中还原源语言的语义和文化内涵。译者需关注目标读者的文化背景与接受水平,在保持译文忠实性的同时,提升其文化可读性与交际效果。跨文化翻译不仅是语言层面的转换,更是文化交流的重要工具,通过合理选择翻译策略可以更好地实现不同文化间的理解与沟通,为全球化背景下的文化交流提供强有力的支持。

四、文化因素在翻译中的应用

(一) 文化语境的体现与再现

语言中隐含着丰富的文化信息,隐喻、成语和俚语等表达往往反映了特定文化的价值观念与思维方式,这类文化符号在翻译时,需要根据目标语言的文化特点加以调整,以避免因直译导致语义缺失或误解。英语中常用的隐喻表达"spill the beans"承载了泄露秘密的文化意象,而在汉语中需要寻找具有相似文化功能的表达,如"泄露天机"或"说漏嘴",以实现语义与文化功能的双重对等。

语境是文化语境的重要组成部分,涉及时间、地点、社会环境等具体信息,翻译时需通过选择性调整语言细节,将源语言的文化语境准确地传递到目标语言。涉及特定历史事件或文化背景的文本中，时间和事件的叙述需结合目标语言文化的接受习惯，适当补充或调整，确保译文能够在文化层面实现信息的完整传递。

（二）文化价值观的融合与协调

不同文化体系下的价值观念在语言表达中表现出明显差异，个体主义与集体主义的对比会直接影响叙述方式和语气的选择。翻译中需要注意这些差异，并在表达方式上做出适当调整。源语言文本中强调个人成就和独立性，而目标语言文化更倾向于突出集体合作与社会和谐。在这种情况下，翻译需兼顾文化差异，灵活调整叙述的重心与表达方式，以符合目标语言文化的规范和期待。

不同文化对某些主题、符号或表达方式存在特定的禁忌，直接翻译会引发误解或文化冲突，为避免此类问题，译者需结合目标文化特点调整语言或使用替代表达以减少文化冲突。某些宗教或社会环境中对某些颜色、数字或动物的文化敏感性，需要在翻译时通过改写或隐喻等方式予以规避，从而提升译文的文化适应性和接受度。

（三）文化信息的补充与扩展

源语言中某些文化特定的背景信息在目标语言中缺乏直接对应概念，需要在翻译中通过注释或解释加以补充。当源文本中涉及历史事件、地名或文学典故等内容时，如果目标读者对这些背景知识不熟悉，译者需适当增加背景说明，使译文能够实现内容的完整性与文化传递的准确性。在处理这类信息时，补充内容的长度和深度需适应目标文本的文体与读者需求，避免影响译文的连贯性和流畅性。

某些源语言内容在目标语言中难以引发相同的情感共鸣或文化联想，译者需通过扩展或改编的方式增加目标文化中的相关内容，以提升译文的文化接受度。在广告或宣传文本的翻译中，可适当加入目标语言文化中常见的象征元素或修辞方式，使译文更符合目标受众的文化期待，从而增强其传播效果与影响力。

（四）跨文化交际中的礼仪与风格调整

礼仪表达在不同文化中的形式和强度存在显著差异，直接影响翻译的得体性和文化适应性。西方文化中商务信函开头常用"Dear Sir or Madam"，而在汉语中则需调整为"尊敬的先生/女士"以体现更正式的礼貌，翻译时需结合目标文化的礼仪规范，调整语言的礼貌程度和表达方式，确保译文在形式和语气上都能体现出礼仪得体性。

不同文化在正式场合和非正式场合的语言风格和语气表达上存在显著差异，翻译过程中需根据文本的使用场景和目标读者的文化习惯调整语言风格。在文学翻译中，需重视情感和叙述语气的再现，而在技术文本翻译中，则需确保语言简洁明了并符合目标读者的专业习惯，语言风格和语气的调整是实现文化适应性的重要手段也是提升译文质量的关键。

（五）文学翻译中的文化意象再现

文学作品常通过意象表达深层的文化内涵，而这些意象通常与特定的文化背景紧密相关，翻译时需在语言转换中保留这些意象的原始内涵，同时确保其符合目标语言的表达习惯。东方文学中的自然意象如"青山绿水"在英语中可译为"green mountains and clear waters"，通过意象的忠实传递保留原文的文化气息与艺术价值。

文学翻译中的叙事结构常反映了源语言文化的思维方式，直接翻译会导致译文在目标语言中显得冗长或不符合叙述逻辑。需在保留原文叙事主线的基础上，对段落结构或句式进行适当调整，使译文更贴近目标文化的叙述习惯。汉语中的散文化叙述可在翻译成英语时适当增加过渡性语句或连接词，以增强叙述的连贯性和逻辑性。

第二章 翻译理论流派与发展

第一节 早期翻译理论及其影响

一、翻译的语言学理论基础

翻译的语言学理论基础是翻译理论发展初期的重要起点,奠定了翻译作为语言学研究分支的学术地位,这一理论基础不仅揭示了语言之间的转换规律,也为翻译活动的科学化提供了理论依据。[①] 语言学对翻译的研究主要集中在语音、语义、句法和语用等层面,为翻译实践提供了多维度的指导。

(一) 词汇层面的对应关系

语言学理论认为,翻译是两个语言体系中词汇意义的对应问题,然而不同语言的词汇在语义上并非一一对应,一个词在一种语言中有单一的意义,而在另一种语言中则呈现多义性。英语"light"既可以表示"光",也可以表示"轻",翻译时需要结合上下文判断其实际含义,因此语言学理论强调,译者需要对词汇的语义层面进行准确分析,确保译文中词义传递的准确性。

语言学理论还指出,词汇意义不仅包括其基本语义还涉及文化附加意义,这些附加意义通常源于语言使用的文化背景,隐喻、象征或联想。在翻译过程中,直译难以传递这些文化附加意义,译者需要通过意译或补充策略,确保目标语言

---

①彭琴.生态翻译理论下高职英语翻译教学探究[J].海外英语,2023(24):225-227.

能够保留这些文化层面的信息。英语中的"apple of one's eye"不仅表示"最珍视之物",还蕴含着文化背景中的亲密情感,这种附加意义需要在翻译中被充分体现。

(二) 句法结构的语言学分析

语言学理论认为,不同语言的语法规则对句法结构有着重要影响,翻译时如果忽略这些规则的差异会导致语法不通或语义偏差。英语常采用主语明确的句式结构,而汉语则允许省略主语,翻译时需要根据目标语言的语法特点调整句法结构,以保证译文的自然性和连贯性。英语"It's raining heavily"可以直接翻译为汉语中的"下大雨了",省略主语而不影响语义的完整性。

语言学研究发现,句式转换在翻译过程中不可避免,英语中常见的被动句在汉语中需要转化为主动句,以增强表达的简洁性和自然性。句式的灵活转换不仅是语法层面的调整,更是语义传递和文化适应的需要,这一理论为翻译实践提供了重要指导,使译者能够在语言形式与内容之间实现平衡。

(三) 语义理论对翻译的指导

语言学理论强调,直译与意译的选择应以语义传递为核心。直译可以保留源语言的形式特征,但会导致目标语言的可读性降低;意译则通过调整语言形式传递源语言的核心意义。译者需要结合具体文本类型和读者需求,在直译与意译之间进行平衡,科技文献翻译中应优先考虑语义的精确性,而文学翻译则需更加注重情感与文化的传递。

语义理论指出,语言中的同义表达往往存在细微差异,这些差异在翻译中被放大或误解,英语中的"big"和"large"在大多数情况下可以互换使用,但在特定语境中具有不同的情感色彩或搭配限制。翻译时,译者需对这些同义表达进行辨析,根据语境选择最合适的目标语言词汇,以确保译文既符合原文的语义特征,又贴合目标语言的表达习惯。

(四) 语用学视角下的翻译

语言学理论认为,语境是语言意义生成的重要条件,离开语境的语言表达无法被正确理解，英语"You're on fire"在不同语境中表示"你表现出色"或"你真的着火了"。翻译时需结合上下文和语境，确保译文能够准确传递原文的真实意图，这一理论强调了语用学在翻译中的重要性，为译者在语境分析和语义选择方面提供了明确方向。

语用学还强调语言的交际功能，认为翻译不仅需要传递语义，还需保留原文的语用功能，命令、请求、建议等言语行为在翻译中需要选择符合目标语言文化的表达形式。英语中的请求语句"Could you please close the window?"在汉语中需要调整为"麻烦您把窗户关一下"，以体现目标语言的礼貌规范和语用功能。

（五）语言学理论对翻译实践的综合意义

语言学理论为翻译实践提供了科学的分析方法和理论支持，涵盖了从词汇到语用的多个层面，通过对语言结构和功能的深入研究，语言学理论为翻译活动的规范化和系统化奠定了基础，使翻译不仅成为语言转换的工具，更成为跨文化交流的桥梁。

在实际应用中，语言学理论帮助译者更加准确地分析源语言文本，同时选择适合目标语言的表达方式，确保译文能够在语义、语法和语用层面实现全面的对等。随着翻译理论的不断发展，语言学视角仍将继续为翻译实践提供宝贵的指导和启示。

二、文艺复兴时期的翻译观念

文艺复兴时期是欧洲思想文化领域发生深刻变革的时代，也是翻译理论逐步形成和发展的重要阶段。随着人文主义思潮的兴起以及古典文学的复兴，翻译成为推动文化传播和思想交流的重要手段。文艺复兴时期的翻译观念集中体现了这一时代对文学艺术的追求，同时为翻译理论的进一步发展奠定了基础。

（一）文艺复兴时期翻译观念的核心特征

文艺复兴时期的翻译活动以希腊和罗马的古典文学为核心，强调对原文意义的忠实还原,译者认为翻译不仅是语言的转换,更是对原文思想和艺术价值的再现[1]。翻译过程中译者需深入理解原作者的创作意图和思想背景,避免因词汇选择或句式调整导致内容扭曲。忠实于原文被视为文艺复兴时期翻译的首要原则,也是该时期翻译观念的重要特征之一,翻译不仅需要传递原文的意义还需尽保留原文的语言风格和艺术形式。文艺复兴时期的译者认为,语言风格是原作艺术价值的重要体现,直译虽然能够保持内容的准确性,但会导致目标语言缺乏文学性和审美价值。译者在翻译中需通过适当的改写和调整,在忠实原文内容的基础上,再现其语言风格和艺术形式。

(二) 人文主义对翻译观念的影响

人文主义强调个体的价值与创造性,这一思想也深刻影响了文艺复兴时期的翻译活动,译者被视为文化传播的桥梁和再创造者,在忠实于原文的基础上具有一定的自由发挥空间。翻译不仅被看作对原文的复制,更被认为是对原作的一种再创作,译者通过对语言、风格和形式的改编,使译文既忠于原作精神,又体现自身的语言和文化表达特点。人文主义思想推动了翻译活动的本地化发展,译者在翻译过程中需充分考虑目标语言读者的文化背景和接受能力。文艺复兴时期的译者认为,翻译需要在忠实原文的基础上兼顾目标读者的理解需求,通过调整语言表达和文化信息,使译文既保留原文的思想深度,又具有可读性和文化适应性。

(三) 宗教改革对翻译的推动作用

宗教改革是文艺复兴时期的重要社会运动,对翻译活动产生了深远影响,随着宗教改革的推进,宗教文本翻译成为普及教义、传播宗教思想的重要手段。拉丁语《圣经》的翻译被视为宗教改革的核心任务之一,其目标是将神圣的宗教经典带入普通民众的生活中,翻译不仅使《圣经》等宗教经典从拉丁语转化为民众通用的语言,还通过这些活动推动了民族语言的发展和普及。

---

[1] 罗亮.英语教学新模式与翻译技巧探究——评《英语教学与翻译理论研究》[J].中国教育学刊,2021(4):1.

翻译在宗教改革中扮演了思想传播的关键角色，译者通过翻译宗教经典，不仅推动了民众对宗教教义的理解，还促进了思想的启蒙和社会观念的变革。宗教改革时期的翻译活动在技术层面和思想层面均有突破，为后续翻译理论的发展奠定了坚实基础。

（四）翻译实践与文学创作的结合

文艺复兴时期的翻译实践对文学创作产生了重要影响，大量古典文学的翻译为文艺创作者提供了丰富的思想资源和语言素材。译者通过对原作的翻译，不仅传播了古希腊和罗马的文化精髓，还为本土文学创作注入了新的活力。翻译活动成为本土作家与古典文学对话的重要桥梁，推动了文艺复兴时期文学艺术的繁荣发展。文艺复兴时期的许多翻译家同时也是文学创作者，在翻译实践中通过对原文的解读和再现，提升了自身的语言表达能力和文学创作水平，翻译不仅是对语言技能的锤炼也是对文学思想和文化视野的拓展，翻译与创作之间的相互作用使文艺复兴时期成为文学与翻译共同发展的黄金时代。

（五）文艺复兴时期翻译观念的历史意义

文艺复兴时期的翻译观念在翻译理论发展史上具有重要意义，这一时期的翻译实践和理论探索，不仅推动了古典文化的复兴和传播，还为现代翻译理论奠定了重要基础。忠实于原文、兼顾语言风格和读者接受能力的翻译观念，至今仍然是翻译理论的重要原则。文艺复兴时期的翻译活动还体现了翻译与文化传播、思想启蒙的紧密联系，翻译不仅是一种语言活动，更是文化交流与知识传播的载体。文艺复兴时期的翻译实践和理论探索，为后世提供了宝贵的经验和启示，为翻译理论的不断发展提供了坚实的历史基础。

三、文献翻译的早期探索

文献翻译的早期探索是翻译实践与理论发展的重要起点。这一时期的翻译活动不仅推动了不同文明之间的文化交流与融合，也为后世翻译理论的发展奠定了基础。在古希腊与罗马、中世纪阿拉伯世界以及中国佛经翻译的历史进程中，早期翻译者通过实践积累了丰富的经验，为翻译策略和方法的形成提供了重要借鉴。

（一）古希腊与罗马时期的翻译实践

罗马帝国的扩张使得希腊文化对罗马社会产生了深远影响，大量希腊文学、哲学和科学著作被翻译成拉丁文，成为罗马文化的重要组成部分，这一时期的翻译活动不仅是语言的转换，更是知识与思想的传播。罗马学者西塞罗（Cicero）在翻译希腊哲学作品时，强调译者需要对原作的思想深度和艺术价值进行充分理解，避免逐字逐句的机械翻译，而应通过再创作使译文更加符合拉丁文化的审美习惯。①

西塞罗提出了"演说家式翻译"的概念，认为翻译者的职责在于准确传达原作者的思想，而不是简单模仿其语言形式，这一观点成为文献翻译史上的重要理论基石，也对后世的翻译策略选择产生了深远影响，通过对直译与意译的权衡，早期译者为翻译理论的萌芽奠定了基础。

（二）中世纪阿拉伯世界的翻译运动

公元8世纪，阿拉伯世界在巴格达建立了"智慧之屋"（Bayt al-Hikma），专门从事希腊、波斯和印度经典著作的翻译，这一机构不仅保存了大量古代科学与哲学文献，还通过翻译推动了这些知识的传播和发展。阿拉伯学者将亚里士多德、柏拉图等希腊哲学家的著作翻译成阿拉伯文，并在此基础上进行创新，为后来的欧洲文艺复兴提供了重要的思想资源。

阿拉伯世界的翻译活动不仅是对原文的保存，更是一种创新性传递，译者在翻译过程中结合自身的文化背景和知识体系，对原作进行了适应性改写。阿维森纳（Avicenna）等著名学者在翻译希腊医学著作的同时，对其中的理论进行了深入分析和扩展，形成了具有阿拉伯特色的医学体系，这种翻译与再创造的结合为文化传播注入了新的活力。

---

①谭光裕,陆丹云.探析新时期英语翻译的理论创新与应用——评《新时期英语翻译理论与实践的多维度研究》[J].中国高校科技,2023(4):13.

（三）中国古代的佛经翻译

1. 佛教传入与翻译需求的兴起

佛教在东汉时期传入中国后，梵文佛经的翻译成为文化交流的核心内容之一。早期翻译活动由来华的印度僧人和中国本土学者共同进行，通过翻译将佛教思想传递到中国，为中国文化注入了新的哲学与宗教元素，这一时期的翻译多采取直译的方式，力求保持原文的神圣性和完整性。

2. 翻译策略的演变与本土化进程

随着佛教在中国的逐步传播，翻译策略从直译向意译转变，译者认识到直译会导致译文晦涩难懂，因此逐渐开始注重意译，以使佛经内容更符合汉语的表达习惯。唐代著名译者玄奘在翻译佛经时强调对原文思想的准确传递，同时注重译文的流畅性和文化适应性，这种策略的转变促进了佛教在中国的本土化发展，也体现了翻译活动对文化融合的推动作用。

3. 佛经翻译对中国文化的影响

佛经翻译不仅是语言的转换更是一种文化的融合与创新，在翻译过程中，佛教思想逐渐与中国传统文化相结合，形成了具有中国特色的佛教哲学体系，这一过程促进了儒释道三教之间的交流与互动，为中国文化的多元化发展注入了新的动力。

（四）文献翻译早期探索的综合影响

早期文献翻译活动的实践为直译与意译的理论争论提供了重要参考，不同文化背景下的翻译活动展现了多样化的翻译策略选择，为后世翻译理论的发展提供了宝贵经验。直译强调内容的忠实性，而意译注重形式与意义的平衡，二者在不同语境中的应用为翻译理论的多元化发展奠定了基础。文献翻译是不同文明之间实现知识共享的重要途径，这一活动不仅推动了文化的传播，也促进了思想的碰撞与融合。阿拉伯世界的翻译运动保存了大量希腊经典著作，为欧洲文艺复兴奠定了知识基础；中国佛经翻译将印度佛教思想与中国传统文化相结合，推动了哲学与宗教领域的创新发展。在文献翻译的早期探索中，译者通过实践积累了丰富的经验，并对翻译理论的基本问题进行了初步讨论，这些讨论为后续翻译理论的发展提供了启发，翻译中应如何平衡忠实性与流畅性、如何处理文化差异等问题，至今仍是翻译理论研究的重要议题。文献翻译的早期探索是翻译理论与实践发展的重要阶段，这一时期的翻译活动不仅推动了不同文明之间的交流，也为翻译作为一门学科的独立发展奠定了基础，通过对翻译策略的不断探索和调整，早期译者在忠实于原文的同时，也为译文赋予了新的文化意义，使翻译成为跨文化传播的重要媒介，这些探索的历史意义至今仍然影响着翻译理论和实践，为当代翻译活动提供了宝贵的经验与启示。

四、早期理论对现代翻译的影响

早期翻译理论为现代翻译实践奠定了坚实的基础，其影响深刻地体现在翻译标准、方法、伦理以及学科化等多个方面。古代译者的实践经验和理论思考为后世翻译活动提供了宝贵的借鉴，也成为翻译学科化发展的重要基石。

（一）翻译标准的确立

1. "信、达、雅"原则的形成与普及

清末学者严复在翻译《天演论》时，提出了"信、达、雅"三原则，成为翻译标准的重要组成部分，这一原则的提出明确了译文在忠实、通顺和文辞优美三方面的要求，为译文质量的评判提供了具体依据。忠实于原文是翻译的首要目标，通顺的表达确保了译文的可读性，而文辞优美则提升了译文的艺术性和文化价值，现代翻译活动中这一原则仍然具有指导意义，尤其在文学翻译中被广泛应用。[1]

2. "归化"与"异化"策略的争论与传承

早期翻译实践中，译者在处理文化差异时，面临着是使译文更贴近目标语言文化（归化）还是保留源语言文化特征（异化）的选择，这一争论催生了对翻

---

[1]刘颖霓,黄开红.文本类型翻译理论下大学英语翻译教学范式研究[J].现代英语,2023(11):73-76.

译策略的深入探讨。归化策略强调译文的可接受性，适合目标语言读者的文化背景；而异化策略则保留原文的文化特性，强调异域文化的再现。现代翻译理论在这一基础上，进一步探索了如何在忠实与通顺之间取得平衡，为翻译实践提供了更多可能性。

（二）翻译方法的丰富

直译与意译的争论贯穿于翻译史的始终。早期翻译活动中，直译强调对原文形式的保留，但会导致译文生硬或晦涩；意译则注重传递原文的核心意义，但容易偏离原文的语言特征。现代翻译实践中，这两种方法已不再是对立的选择，而是相辅相成的工具，译者在实际操作中需根据文本类型和读者需求灵活运用，科技翻译中偏向直译以确保信息的准确性，而文学翻译则更倾向意译以传递情感和艺术性。

早期译者在处理文化专有名词、习俗等方面积累了丰富经验，这一经验促使现代翻译理论更加关注文化因素对翻译的影响。现代翻译活动中，译者需具备跨文化交际能力，能够准确传递源语言中的文化信息，同时适应目标语言读者的文化背景，文化因素的考虑不仅影响了翻译方法的选择也丰富了翻译理论的研究视角。

（三）翻译伦理的形成

早期翻译活动中，译者被视为文化传播的重要桥梁，承担着传播知识、促进文化交流的重要责任，这种责任感延续至现代翻译活动中，要求译者忠实于原作者，尊重原文的意图，并在译文中准确传递原文的思想和信息。现代翻译伦理进一步提出，译者不仅需要对原文负责还需对目标语言读者负责，确保译文在语义、风格和文化层面上均能达到高标准。

早期翻译实践中，译者的注释和评论体现了译者的存在感，为后世留下了宝贵的思想财富，这一现象引发了现代翻译理论对译者可见性与隐身性的讨论。译者的可见性强调其在翻译过程中所起的主导作用，而隐身性则强调译者的低调介入，确保读者的注意力集中于原文内容。现代翻译活动中，这两种观点相互补充，为译者在翻译实践中的角色定位提供了更多选择。

(四) 翻译理论的学科化

早期翻译理论的积累为翻译研究的系统化奠定了基础，促使翻译学逐渐成为独立的学科。现代翻译理论在此基础上，结合语言学、文学、文化研究等领域，形成了多学科交叉的研究体系。功能主义翻译理论将翻译活动视为一种目的导向的行为，强调译文应符合目标语境的实际需求；而语用学翻译理论则聚焦于语境和交际功能，为翻译实践提供了更具针对性的指导。

早期翻译实践经验为翻译教育的发展提供了丰富的素材，现代翻译教育在此基础上制定了系统的教学大纲，培养专业的翻译人才。翻译教育不仅教授语言和翻译技巧，还注重跨文化交际能力和翻译伦理的培养，使学生能够在实际翻译中平衡语言转换与文化适应的双重需求。

早期翻译理论对现代翻译的影响深远且多样，无论是翻译标准的确立、方法的丰富还是翻译伦理的形成和学科化的发展，早期理论都为现代翻译活动提供了宝贵的经验与启示。现代翻译实践中，译者需在尊重早期理论精髓的基础上，根据时代背景和目标语言文化的变化不断创新，以更好地适应全球化背景下日益复杂的翻译需求。翻译不仅是一种语言活动，更是一种文化传播与思想交流的重要工具，早期理论的价值将在未来翻译实践中继续体现。

第二节 功能主义翻译理论

一、功能主义的定义与核心思想

功能主义翻译理论是20世纪70年代兴起的一种翻译理论流派，以翻译目的和功能为核心，强调翻译活动应根据特定的交际需求和目标文化环境来调整语言和内容。与传统翻译理论关注语言形式的对等不同，功能主义更加注重翻译过程中的交际目的和功能实现。

(一) 功能主义翻译理论的定义

功能主义翻译理论认为，翻译是一种跨文化的交际行为，其根本目的是在目标语言文化中实现与源语言文化类似的交际功能，这种翻译观念强调译文的适应性和实用性，而非语言形式的机械对等。① 在功能主义视角下，译者的职责不仅是传递原文的信息，还需根据目标语言的文化语境调整语言表达，确保译文能够满足目标受众的需求。功能主义翻译理论的核心是"目的论"（Skopos Theory），由德国学者汉斯·弗米尔（Hans Vermeer）提出。目的论主张，翻译的首要原则是根据译文的预期用途和目标受众的需求来确定翻译策略，而不是单纯追求对原文的形式忠实。目的的多样性决定了译文的多样化，学术论文的翻译需要注重术语的准确性，而广告文本的翻译则更强调吸引力和文化适配性。

(二) 功能主义的核心思想

功能主义翻译理论将翻译活动视为一种动态的交际行为，译者需要在源语言文本与目标语言文化之间进行灵活调节，确保译文能够满足特定的交际目的，这种动态性要求译者在翻译过程中结合原文的语境、目标文化的规范以及读者的期待等多方面因素，采取适当的翻译策略和方法。

功能主义翻译理论强调译者在翻译过程中的主动性和创造性，认为译者不是机械的语言转换者，而是具有创造性的文化中介者。译者需要根据目标语言的文化特征和受众需求，灵活调整语言表达和内容选择，确保译文在目标文化中具有实际的交际价值。在广告文案翻译中，译者需要改写或增补部分内容，以增强译文对目标受众的吸引力和说服力。

功能主义翻译理论特别重视目标读者的接受水平和文化背景，译文是否能够被目标读者理解和接受，是衡量翻译成功与否的重要标准。译者需要充分了解目标语言文化中的语言习惯、价值观念以及社会规范，确保译文既能准确传递原文的信息，又能符合目标读者的阅读习惯和文化期待。

---

① 李琼.语境理论框架下的大学英语翻译教学实践研究[J].现代英语,2021(7):54-56.

(三) 功能主义与传统翻译观的比较

传统翻译观念强调形式对等，即译文应保留原文的语言形式和结构，但功能主义翻译理论认为，形式对等并非翻译的唯一标准，更重要的是实现功能对等。功能对等指的是译文在目标文化中发挥与原文相同或类似的功能，法律文本的翻译需要保持术语的严谨性和规范性，而文学作品的翻译则更注重情感表达的准确性和艺术感染力。

功能主义翻译理论对传统翻译观念中的"忠实"概念进行了重新定义，在功能主义视角下，忠实并不意味着逐字逐句地再现原文，而是指译文在语义、语用和功能层面上的综合传递，这一观点突破了传统翻译观念中"忠实于原文"的局限，为翻译实践提供了更大的灵活性和适应性。

(四) 功能主义翻译理论的现实意义

在全球化背景下，不同类型的文本对翻译提出了多样化的需求，功能主义翻译理论为应对这些需求提供了科学的理论依据。无论是学术、商务、广告，还是文学翻译，功能主义都能根据具体的翻译目的和交际需求，制定灵活多样的翻译策略，确保译文在目标文化中的实用性和有效性。功能主义翻译理论强调文化在翻译过程中的重要性，要求译者在语言转换的同时，充分考虑源语言与目标语言文化之间的差异，通过调整语言表达和内容选择，功能主义帮助译者在跨文化交流中实现语言与文化的双向融合，这一理论为全球化背景下的文化交流提供了重要的理论支持和实践指导。

功能主义翻译理论以其独特的定义和核心思想，为现代翻译实践提供了全新的视角和方法，通过强调翻译目的和功能的优先性，功能主义突破了传统翻译观念中对语言形式的过度依赖，为译者在跨文化交际中的角色提供了更多的可能性，这一理论不仅适用于文学翻译，也在商务、法律、技术等多种翻译领域得到了广泛应用，为不同文化之间的交流与融合提供了重要保障。

二、功能对等理论

功能对等理论作为功能主义翻译理论的核心概念之一，由尤金·奈达

(Eugene Nida）提出，旨在确保翻译过程中语言和文化的有效传递，而不单纯追求字面意义的等效。该理论强调，翻译不仅应关注源语言文本的意义，还应致力于使目标语言读者获得与原文读者相同的反应，因此功能对等不仅是语言的转换，更是文化的再现与沟通。

（一）功能对等的定义与基础

功能对等理论的核心思想是翻译应在目标语言文化中发挥与源语言相同的交际功能，确保读者对译文的理解和反应与原文一致。在这一理论中，译文的任务不仅是传达信息，更要实现与源语言文本相同的文化效果，这种翻译方法强调了目标语言读者的接受度，而非源语言的语言结构。

功能对等理论揭出，翻译活动必须考虑到目标语言读者的文化背景，译者需要调整语言表达，以确保信息的有效传递，这种适配不仅是语言层面的转换，更是文化层面的调节。某些词汇或习语在源语言文化中有特定的文化背景或情感色彩，但在目标语言中缺乏直接的对应，译者必须选择能够激发相似反应的表达方式，避免因直译导致文化信息的丢失或误解。

（二）功能对等的翻译策略

奈达提出，功能对等不仅要求语义上的对等，还强调情感的再现，语言的使用不仅仅是传递逻辑意义，情感色彩和文化联想同样重要。翻译时译者应当避免机械地翻译源语言的词汇和句式，而应根据目标语言读者的情感反应来调整语言，确保情感传递的准确性。广告文案的翻译往往不仅要传递产品信息，还要激发消费者的情感共鸣，这时译者需要进行创意翻译或调整语言风格。功能对等理论强调翻译活动的目的性，译者必须根据具体的翻译目的选择合适的策略。对于一些学术文本，翻译的重点是精准传递专业术语和概念；而在文学翻译中，译者则更多关注原文情感和意境的再现。功能对等要求译者在忠实原文内容的基础上，结合目标语言文化和读者需求，灵活调整翻译策略，确保译文在目标语言文化中能达到预期效果。

（三）功能对等与传统翻译理论的差异

传统的翻译理论常强调源语言和目标语言之间的形式对等，即对词汇和语法结构的忠实再现，而功能对等理论则更加关注翻译中的"效果"，即目标语言读者如何理解并反映译文。形式对等的翻译通常注重语言层面的忠实，但有时忽视文化和语境的差异，导致译文生硬或难以理解；功能对等理论则通过强调译文的功能，帮助实现文化的有效传递和情感的再现。功能对等理论赋予译者更多的自由度和创造性，译者不仅是语言的转换者，还是文化交流的桥梁。与传统翻译理论中强调精确对等的观点不同，功能对等理论强调译者根据翻译目的和读者需求灵活调整翻译策略，这种灵活性促使翻译实践更加贴近目标语言文化的需求，使译文不仅能传递信息还能更好地服务于交际目的。

（四）功能对等理论在翻译实践中的应用

1. 广告与市场翻译中的应用

在广告翻译中，功能对等理论的应用尤为重要，广告语言不仅要传递产品信息，更要激发消费者的兴趣和情感反应。译者往往需要对源语言进行一定程度的创造性调整，以确保翻译后的内容能够在目标语言中产生相似的情感和效果，一些文化特定的表达在目标语言中没有直接对应，译者需要通过改写或替换来传达相似的心理冲击力。

2. 文学翻译中的文化适配

在文学翻译中，功能对等理论帮助译者确保原文的艺术性和情感得以传递，源语言的语言特征、文化内涵和情感色彩都在目标语言中失去或被误解，因此译者必须根据目标语言的文化特性，灵活选择词汇和句式，以保证译文能够引起读者的共鸣，这种方法尤其适用于诗歌、散文等具有强烈情感色彩的文学作品翻译。

3. 科技与法律翻译中的准确性

在科技与法律翻译中，功能对等理论也有其重要的应用价值，虽然在这些领域，译文的精确性仍然至关重要，但译者仍需考虑目标语言读者的专业背景和理解能力。翻译法律文书时，译者需要确保法律条文的条款在目标语言中具有与源语言相同的法律效力和语境，译者要在忠实于原文的基础上，确保法律术语和表达方式符合目标法律体系的规范。

（五）功能对等理论的局限性与发展

尽管功能对等理论为翻译实践提供了极大的灵活性，但也面临一些挑战，翻译过程中如何平衡源语言的忠实性与目标语言的适应性仍然是一个复杂的问题，尤其是在跨文化翻译中，文化的深层差异会导致某些翻译策略的难以实施。功能对等理论过于关注译文的效果忽视了译者对源语言文化的深入理解和忠实再现，这对某些文本类型来说会带来不利影响。

尽管如此，功能对等理论仍然是现代翻译实践中不可忽视的重要理论之一，其为翻译提供了更加灵活的视角，促使译者更多地考虑翻译的交际功能和文化适配问题，推动了翻译理论和实践的创新与发展。

三、目的论在翻译中的应用

目的论是功能主义翻译理论的核心内容之一，强调翻译行为的目的性，即翻译活动的过程和方法应以译文的预期功能为导向。由德国学者汉斯·弗米尔于20世纪70年代提出，目的论认为翻译是一种有目的的跨文化交际活动，译文是否成功取决于其在目标语言文化中的功能是否达成，而不是仅仅追求源语言文本的形式对等。

（一）目的论的核心原则

目的原则是目的论的核心，强调译文的翻译策略和过程应完全服从其功能需求，译者需要明确译文在目标语言文化中预期实现的目的，根据这一目的决定如何处理语言、结构和文化等问题。某些技术文档的翻译应以精准和清晰为目标，而文学作品则需侧重于艺术性和情感传递。译文需要在目标语言内部保持语内连贯，即译文必须符合目标语言的语法规则、文化习惯和读者的认知水平。译文还需与源文本保持语际连贯,确保译文传递的核心信息与原文相符,这两个原则共同构成了译者在处理语言转换时的基本要求,使译文既忠于原文又能适应目标语言环境。目的论重新定义了传统翻译理论中的"忠实"概念,将其限定为译文对原文的功能忠实,而非形式上的逐字逐句再现,译者需要根据目标语境选择翻译策略,既保证原文的核心意图得以体现,又能在目标文化中达到预期效果。

(二)目的论在不同文本类型中的应用

根据不同文本类型的功能需求,目的论指导译者选择适当的翻译策略,使译文符合目标语言的文化和读者需求。新闻报道、科技文献和学术论文等信息型文本的翻译,以准确传递信息为主要目标,译者需要高度关注术语的使用和内容的逻辑性,确保译文能够完整而清晰地呈现源语言文本中的信息。在学术论文翻译中,译者需严格按照源文本的逻辑结构和内容层次,确保译文的学术严谨性和逻辑清晰度。文学作品、诗歌、散文等表情型文本注重情感和艺术性的传递,译者不仅需要再现源语言文本中的情感和艺术风格还需调整语言表达,使目标读者能够产生与原文读者相似的情感体验,翻译一首诗歌时译者需要对句式和词语进行重新组织以更好地展现诗歌的韵律和情感。广告文案、宣传材料等劝说型文本的翻译以影响目标读者的态度和行为为核心,译者需要根据目标文化的语言习惯和价值观念调整表达方式,使译文更具说服力和吸引力,这些文化特定的表达需要完全改写以便符合目标市场的审美习惯。

(三)目的论在翻译实践中的具体应用

1. 文化适应与语境调节

跨文化翻译需要考虑源语言文化与目标语言文化之间的差异,译者应对文化特定内容进行调整或替换,以确保译文在目标文化中具有接受性。在将西方文学翻译为东方语言时,译者需要对宗教象征、历史典故等文化元素进行注释或替换,使目标读者能够理解并接受相关内容。

2. 文本改编与形式调整

某些文本在翻译过程中因目标语言读者的需求或文化背景的不同而需要进行

改编。科普类书籍的翻译需要简化原文的专业术语，使其更易于普通读者理解；影视字幕翻译则需根据屏幕空间和观众的阅读速度对内容进行压缩与调整。

3. 语言风格与表达方式的选择

在翻译过程中，译者需要根据目标语境选择合适的语言风格和表达方式。在翻译法律文书时，译者应使用正式、严谨的语言风格，而在翻译儿童读物时，则需使用更为轻松、直白的语言，以适应不同读者的需求。

（四）目的论在专业领域的应用

法律文本具有严谨性和权威性，目的论在法律文本翻译中的应用要求译者严格遵循原文的法律含义，同时确保目标语言文本符合本地法律体系的规范，在翻译合同条款时译者需确保术语的一致性和语句的明确性，避免因翻译错误引发法律纠纷。市场报告、公司手册等商业文件的翻译需要关注目标受众的阅读体验和文化背景，译者需根据商业文本的目的（如宣传、沟通或说明），选择适合目标文化的表达方式，使译文能够有效传递商业信息。科技文本的翻译以内容的准确性和术语的一致性为核心，译者需确保译文在专业领域内具有可接受性，同时能够被目标读者准确理解，在医学文献的翻译中译者需严格按照国际医学术语的标准进行翻译，确保信息的准确传递。

（五）目的论的局限性与扩展

尽管目的论为翻译实践提供了重要的理论指导，但在实际应用中也面临一定的局限性。部分批评认为，目的论过于强调目标语言文化的接受性，会导致源语言文本中的文化特征被淡化，译者在实际操作中如何平衡源文本忠实性与目标文本功能性的关系仍然是目的论应用中的一大难点。

为了弥补这些不足，近年来学者们提出了多元文化视角下的翻译目的论，强调译者在处理文化差异时应注重源语言文化的保留与目标语言文化的融合，这一扩展为跨文化翻译提供了更多的理论支持，同时促使目的论在全球化背景下不断发展与创新。

目的论作为功能主义翻译理论的核心内容，为翻译实践提供了灵活的理论指导，通过强调翻译目的和功能优先性，目的论促使译者在不同语境和文本类型中采用多样化的策略，以实现源语言与目标语言之间的有效沟通与文化融合，这一理论不仅推动了翻译实践的多样化发展，也为翻译学的研究开辟了新的方向（表2-1）。

表2-1 目的论在不同文本类型中的应用

文本类型	主要目的	翻译策略	特点
信息型文本	信息的准确传递	注重内容逻辑性和术语的一致性	学术、科技文献等领域尤为重要
表情型文本	情感与艺术的再现	调整语言风格以适应目标文化	文学、诗歌中需注重艺术表现力
劝说型文本	影响读者态度或行为	改写文化特定内容，增强说服力	广告文案、宣传材料中广泛应用
法律文本	确保法律意义的准确性	使用正式、严谨的语言风格	避免翻译失误造成法律纠纷
商业文本	符合目标文化表达习惯	考虑目标市场需求，优化表达方式	突出文化适配性和市场吸引力

四、功能主义对翻译的影响

功能主义翻译理论自20世纪70年代在德国兴起以来，对翻译实践和理论研究产生了深远影响，其核心思想强调译文的功能和目的，主张翻译策略应根据译文在目标文化中的预期功能进行选择。[1]

（一）功能主义翻译理论对翻译实践的多维影响

1. 翻译策略的灵活选择

功能主义翻译理论对传统翻译实践进行了重大革新，强调译文应服务于具体的交际目的，而非仅仅追求与原文的字面对等。在这种理论的指导下，译者可以

---

[1] 杨木森.浅析交际翻译理论下的英语新闻翻译[J].文学少年,2021(21):2.

根据具体语境和目标受众的需求灵活选择翻译策略,直译、意译、归化以及异化等不同方法不再是固定的模式,而是根据翻译目标而动态调整的工具。在技术文献中直译能够确保信息的精准传递,而在文学翻译中意译则有助于保留原作的艺术性和情感表达,这种灵活性使得译文能够在多种情境下有效传递原文信息,极大地拓展了翻译实践的可能性。

2. 译者角色的重新定位

在功能主义理论的框架下译者的角色发生了根本性转变,从传统意义上的语言转换工具转变为跨文化交际的桥梁,译者在翻译过程中被赋予更多的主动性和创造性。在商业翻译中,译者需要根据目标市场的文化特点和消费者的心理预期调整广告词的表达方式,从而增强广告的传播效果,这种转变要求译者不仅具备语言能力还需要具备文化理解力和交际能力,真正成为跨文化沟通中的关键推动者。

3. 翻译质量评估标准的转变

功能主义理论对翻译质量的定义提出了全新的视角,强调译文的成功与否取决于其在目标文化中的功能实现程度,而非仅仅是对原文的忠实程度。传统翻译质量评估主要集中在语义和句法的对等性,而功能主义理论则关注译文在特定语境中的交际效果。在医疗翻译中,译文需要能够清晰传递医学术语和治疗方案,以便患者能够准确理解和遵循医生的建议,这种以功能为核心的评估标准为翻译实践提供了更为科学和实用的参考依据。

(二) 功能主义翻译理论对翻译理论研究的拓展

1. 研究视角的多元化

功能主义翻译理论将研究视角从单一的语言学层面扩展到社会学层面和文化学层面,强调翻译活动是多种因素共同作用的结果,翻译不仅是语言的转换过程也是文化交流和社会互动的重要手段。在跨文化研究中,功能主义理论能够帮助研究者更深入地理解翻译如何在不同文化之间搭建桥梁,这种多维视角的引入极大地丰富了翻译研究的理论内涵。

2. 促进翻译理论的多样性

功能主义理论的出现不仅拓展了翻译研究的领域,也推动了翻译理论的多样性发展，传统翻译理论多以语言对等为核心，而功能主义理论则为翻译研究引入了文化适应、社会需求以及交际目标的实现等更多维度的讨论。在文化翻译中，该理论强调译文需要兼顾文化差异和受众需求，从而实现跨文化交流的最佳效果，这种多样性的发展为翻译研究开辟了全新的研究路径。

3. 推动翻译教学方法的革新

功能主义翻译理论对翻译教学的影响同样不容忽视，在传统的翻译教学中学生往往被要求忠实原文，忽视译文在目标语言中的实际效果；而在功能主义理论的指导下，翻译教学更加注重培养学生的文化敏感性和实际应用能力。在教学中可以通过设计真实的翻译案例，让学生分析原文的交际目标并选择合适的翻译策略，从而增强其解决实际翻译问题的能力。

（三）功能主义翻译理论对翻译行业的专业化推动

1. 翻译服务的专业化

功能主义翻译理论的核心思想是译文应满足特定情境下的交际功能，这一理念对翻译行业的专业化发展产生了深远影响，译者需要具备特定领域的专业知识，以确保译文不仅语言精准还能够满足专业需求。在法律翻译中，术语的准确性和法律条款的严谨性至关重要，而在技术翻译中专业术语的统一和技术文档的逻辑性是评估翻译质量的重要标准。

2. 翻译标准的制定

功能主义理论还促进了翻译行业标准的制定与完善，以功能为导向的翻译标准不仅关注语言的正确性还关注译文的适用性和功能性。在企业手册翻译中，译文需要同时满足清晰易懂和实用性强的双重标准，这样的标准化有助于提升翻译行业的整体水平，并为译者提供明确的工作指引。

3. 翻译市场的多元化发展

功能主义理论强调译文应满足多样化的需求，这为翻译市场的细分提供了理论支持。不同领域的翻译需求各异，文学翻译强调情感和艺术性，技术翻译注重逻辑和精确性，而广告翻译则追求吸引力和文化适应性，译者可以根据自身的专业背景和兴趣选择细分市场，从而提高翻译效率和质量。

（四）功能主义翻译理论对跨文化交流的促进

功能主义翻译理论强调译者需要具备高度的文化敏感性，在翻译过程中充分考虑目标文化的特点和受众的期待，在处理涉及宗教或历史背景的文本时，译者需要慎重选择语言以避免因文化误解引发的争议，这种文化敏感性不仅提升了译文的质量还促进了文化间的理解与尊重。

在功能主义理论的指导下，翻译研究不仅关注语言之间的转换，还关注文化之间的交流与融合。在跨文化管理中，翻译是连接全球化企业与本地市场的重要桥梁，研究者可以通过功能主义翻译理论探讨不同文化背景下的商业交流策略，这种研究的深入对翻译实践和理论发展都具有重要意义。

（五）功能主义翻译理论的局限性与改进方向

尽管功能主义翻译理论具有诸多优势，但其在应用过程中也面临一些挑战，过于强调目标语言的功能可能导致对原文忠实性的忽视，而目标文化的特殊性也可能对译文的普适性产生制约。因此在实际翻译中，译者需要在功能与忠实之间寻求平衡，既要考虑目标受众的需求又不能偏离原文的核心内容，同时功能主义理论在处理某些复杂的文学或哲学文本时因其目标导向的特性而受到一定的限制，这需要译者结合具体情境灵活调整策略。

通过功能主义翻译理论的引导，翻译实践、理论研究以及行业发展都得到了不同程度的提升，该理论强调翻译的目的性与适用性，为翻译活动提供了更广阔的探索空间，也促使翻译行业迈向更高层次的专业化发展。

第三节　语言与文化交融的翻译理论

一、奈达的动态对等理论

奈达的动态对等理论作为现代翻译学的重要理论之一，以文化和语言的交融为核心,强调译文在目标语言中的可接受性和功能等效性。奈达的动态对等理论提出,翻译不仅是语言的转换,更是文化的交流,其最终目标是使目标语言读者产生与源语言读者相同的反应[1]。

(一) 动态对等的基本定义

动态对等是指译文在目标语言中实现与原文在源语言文化中相同的交际功能,使目标语言读者获得与源语言读者相同的理解和情感体验。奈达认为,翻译的本质是跨文化的交际活动,因此译文必须在语义和效果上达到与原文相同的"功能对等",而不是追求形式上的逐字逐句对应。动态对等注重译文的功能效果,而形式对等则关注语言形式的忠实再现。奈达指出,形式对等的翻译因语言结构的差异而导致译文晦涩难懂,甚至失去原文的文化意涵,动态对等通过灵活的翻译策略确保目标语言读者的理解,同时避免因机械的形式对等而产生的不必要障碍。

(二) 动态对等理论的核心原则

1. 功能优先原则

奈达提出,翻译的最终目的是实现功能对等,即译文在目标语言文化中应具有与原文在源语言文化中相同的功能和影响。为了达到这一目的,译者需要根据目标语言的文化特点和读者的接受习惯,调整语言表达和内容选择。

2. 文化适配原则

动态对等理论特别重视文化的适配性,翻译过程中译者需识别源语言文本中的文化特定内容,并选择适合目标文化的表达方式。源语言中某些的习俗、宗教象征或历史典故在目标语言中没有对应表达,这时译者需要对这些内容进行注释、改写或替换,以确保目标读者能够正确理解其含义。

---

[1] Lee S T, Van Heuven W J B, Price J M, et al. Translation norms for Malay and English words: The effects of word class, semantic variability, lexical characteristics, and language proficiency on translation[J]. Behavior Research Methods, 2022:1-17.

3. 读者反应原则

奈达强调，译文的效果应当以目标语言读者的反应为基准，译者需要确保目标读者在阅读译文时能够获得与原文读者相似的情感和认知体验，翻译策略的选择应以目标读者的文化背景、语言习惯和接受能力为依据。

（三）动态对等理论的实践应用

奈达的动态对等理论最初应用于《圣经》的翻译工作，《圣经》作为一部跨文化的宗教经典，其翻译不仅需要忠实于原文的思想内容还需确保译文能够被不同文化背景的读者接受。奈达通过动态对等的方法，将原文的思想内涵以目标语言文化能够接受的方式呈现，从而使《圣经》成为全球范围内传播最广泛的宗教文本之一。

在文学翻译中，动态对等理论同样具有重要的指导意义。文学作品往往承载着丰富的文化信息和情感色彩，因此译者需要在保留原文意境的基础上，灵活调整语言表达方式，以确保译文在目标语言文化中具有相同的艺术感染力。在翻译诗歌时，译者需要对原文的句式、韵律和用词进行调整，以使目标语言读者能够感受到原文的情感张力和艺术美感。

广告翻译以传播信息和影响消费者行为为目的，动态对等理论强调译文需根据目标市场的文化特点进行改编。一些源语言中具有文化特定含义的词汇或短语在目标文化中无法引起相同的联想，这时译者需要重新设计广告语言，使其在目标语言文化中达到相似的宣传效果。

（四）动态对等理论的优点与局限性

动态对等理论突出了译文在目标文化中的功能价值，打破了传统翻译理论中对形式对等的过度依赖，这一理论使翻译活动从语言形式的对等拓展到文化意义的传递，为跨文化交流提供了更加灵活和实用的翻译策略。动态对等理论重视读者的反应，强调译文的可读性和效果，这种以读者为中心的翻译观念使译文更具交际价值。

尽管动态对等理论在实践中取得了显著成效，但其过于关注译文在目标文化中的接受性，会导致源语言文化特征的弱化或丧失，在某些特殊文本类型中过度追求动态对等破坏原文的语言风格和文化内涵。由于目标文化背景的复杂性和多样性，译者在选择翻译策略时面临困惑和挑战，难以平衡源语言文化与目标语言文化之间的关系。

（五）动态对等理论的现代发展

动态对等理论在现代翻译学中得到了进一步的发展，一些学者结合功能主义翻译理论，对动态对等的原则进行了扩展和补充，目的论强调译文功能的多样性，与动态对等的功能优先原则相辅相成。跨文化交际理论的兴起进一步丰富了动态对等理论的研究视角，使其在多语种、多文化背景的翻译实践中得到更加广泛的应用。

动态对等理论作为一种以读者为中心的翻译理论，为翻译活动提供了灵活的指导原则，通过注重功能等效性和文化适配性，动态对等理论为现代翻译实践奠定了重要基础。然而译者在实际操作中需要权衡源语言和目标语言文化之间的差异，以实现语言与文化的有效沟通，动态对等理论的价值不仅体现在翻译的技术层面更在于其对跨文化交流的促进作用。

二、纽马克的语义翻译与交际翻译

彼得·纽马克（Peter Newmark）是现代翻译理论的重要奠基人之一，他提出的语义翻译与交际翻译理论从语言与文化的角度出发，为翻译实践提供了重要的理论依据和方法指导，这两种翻译方法各有侧重，在不同的文本类型中发挥着独特的作用[1]。

（一）语义翻译的定义与特点

1. 定义

语义翻译注重在目标语言的框架内，忠实地再现源语言文本的内容、风格和

---

[1] Qiuyan Z. Empowering language learning through IoT and big data: an innovative English translation approach[J]. Soft computing: A fusion of foundations, methodologies and applications, 2023(17): 27.

文化特征，译者在翻译过程中力求保留原文的语言表达和修辞效果，以维护源语言的独特性和文化价值。

2. 特点

保留原文语言特征：语义翻译着重再现源语言文本的细节，包括词汇的选择、句式的结构以及修辞手法的运用，力求使译文读者能够深入感知原作者的思想表达。

尊重源语言文化：这种方法在处理文化特定内容时更倾向于保持源语言文化的独特性，而不是过多地适应目标语言文化的规范。

适用范围：语义翻译多用于文学、哲学、宗教等文本，这些文本对语言表达和文化背景有较高的依赖性，通常要求译者在翻译中保留原文的语言魅力和文化深度。

(二) 交际翻译的定义与特点

1. 定义

交际翻译强调译文在目标语言文化中的功能与效果，译者的重点在于使目标读者能够方便地理解译文并获得与源语言读者相似的感受，这种方法关注目标语言的表达习惯，优先考虑读者的接受程度。

2. 特点

注重读者体验：交际翻译以目标语言读者为中心，优先考虑译文的可读性和文化适配性，确保译文在目标语言文化中具备自然性和流畅性。

灵活调整语言表达：交际翻译允许译者对原文内容进行必要的改动或再创作，以符合目标语言文化的规范和习惯，增强译文的实际交际功能。

适用范围：交际翻译主要适用于新闻、广告、市场营销等以传递信息为主的文本，这些文本的翻译通常以功能效果为导向，而非语言形式的保留。

(三) 语义翻译与交际翻译的比较

语义翻译更注重源语言文本的忠实再现，关注原文的语言形式、修辞效果以及文化特征；交际翻译则以目标语言读者的理解和反应为重点，关注译文的功能性和文化适配性。语义翻译倾向于逐字逐句地再现原文，保持源语言的语言结构和表达特点；交际翻译则允许对原文进行改编，以符合目标语言的表达习惯和文化规范。语义翻译多应用于文学、宗教、哲学等强调语言艺术和文化深度的文本；交际翻译则多用于广告、宣传、科技说明等以功能性为主的文本。

（四）语义翻译与交际翻译的互补性

语义翻译与交际翻译并非完全对立，而是可以根据文本的性质、翻译的目的以及目标读者的需求相互补充，译者在实际操作中往往需要综合两种方法的优势，以实现更高质量的译文。对于文学作品或宗教文本，语义翻译能够更好地保留原文的思想深度和文化意涵；对于广告文案或说明书，交际翻译则可以确保信息的准确传递和目标读者的良好体验。当翻译的目的是文化传播时，语义翻译更能展现原文的语言魅力和文化价值；当翻译的目的是功能性传播时，交际翻译能够更高效地满足目标文化的实际需求。

（五）语义翻译与交际翻译的实践应用

在文学作品的翻译中，语义翻译能够充分保留原文的语言风格和文化特征，使目标语言读者能够感受到源语言的艺术魅力和文化深度。然而文学翻译中也不可完全排除交际翻译的运用，特别是在处理某些难以直译的文化特定内容时，交际翻译能够帮助译者更好地传递原文的核心意义。

广告文案的翻译强调目标语言文化中的可接受性和交际效果，交际翻译在广告翻译中的应用体现在对目标受众语言习惯的适应上，通过调整词语和句式强化广告的传播效果。

在法律或科技翻译中，语义翻译有助于保留原文的专业术语和逻辑结构，确保译文的准确性；交际翻译则可以在某些复杂表述上，通过改写和优化，增强目标语言文本的可理解性。

（六）语义翻译与交际翻译的局限性

语义翻译强调忠实于原文，会导致译文在目标语言中显得晦涩难懂，甚至因语言结构的差异而影响可读性,过于拘泥语言形式而忽视目标语言文化的接受习惯,进而削弱译文的交际效果。交际翻译注重目标语言的可读性和文化适配性,但在某些场景下过度简化或改动原文内容,从而导致源语言文化特征的弱化甚至丧失,在文学和哲学等强调文化内涵的文本中过度依赖交际翻译难以传递原文的思想深度。

纽马克的语义翻译与交际翻译理论为翻译实践提供了科学的指导原则,译者在实际操作中,应结合文本类型、翻译目的以及目标读者的需求,灵活运用两种翻译方法,并在语义和交际之间找到平衡点,这种方法不仅能提高译文的质量还能更好地满足不同场景下的翻译需求,为语言与文化的交融提供了理论支持和实践方向。

三、斯科普斯理论的应用

斯科普斯理论(Skopos Theory)作为功能主义翻译理论的重要组成部分,强调翻译行为的目的性,主张译文应根据预期功能和目标受众的需求进行调整,该理论由德国学者汉斯·弗米尔提出,强调翻译活动的目的性,认为翻译应根据预期功能和目标受众的需求进行调整。

(一)斯科普斯理论的核心原则

1. 目的原则

斯科普斯理论的核心在于目的原则,即翻译行为应以预定的目的为导向,译者在翻译过程中需要明确译文的预期功能,并根据这一功能选择适当的翻译策略,这意味着译文的形式和内容可以根据目标受众的需求和文化背景进行调整以实现最佳的交际效果。

2. 连贯性原则

连贯性原则强调译文在目标语言文化中的可读性和可接受性,译文应在语义和结构上保持连贯,使目标读者能够顺畅地理解和接受,这要求译者在翻译过程中关注目标语言的表达习惯和文化规范,确保译文在目标文化中具有自然性和流畅性。

3. 忠实性原则

忠实性原则指译文应与原文保持一定程度的连贯性,但这种忠实并非绝对的逐字逐句对应,而是服务于翻译的目的。在斯科普斯理论中忠实性原则服从于目的原则,即在实现翻译目的的前提下,译者可以对原文进行必要的调整以满足目标受众的需求。

(二) 斯科普斯理论在不同文本类型中的应用

在广告翻译中,斯科普斯理论强调译文应根据目标市场的文化和消费者心理进行调整。译者需要考虑目标受众的文化背景、价值观和消费习惯,选择适当的语言和表达方式,以实现广告的促销目的,这涉及对原文内容的改编,甚至重新创作以确保广告在目标市场的有效性。法律文本的翻译要求高度的准确性和严谨性,但在不同法律体系之间,术语和表达方式存在差异。斯科普斯理论指导下的法律翻译,需要在忠实于原文的基础上,考虑目标法律体系的规范和读者的理解能力,确保译文在法律效力和可读性之间取得平衡。文学作品的翻译不仅涉及语言的转换还涉及文化的传递,斯科普斯理论强调译者应根据目标读者的文化背景和审美需求,对原文进行适当的调整,这包括对文化特定内容的解释或改编,以使目标读者能够更好地理解和欣赏作品的内涵。

(三) 斯科普斯理论对翻译实践的启示

斯科普斯理论强调翻译应以预定的目的为导向,这要求译者在翻译前先明确译文的功能和目标受众,根据不同的翻译目的选择适当的翻译策略,确保译文在目标文化中发挥预期的作用。在跨文化翻译中,斯科普斯理论主张译者应灵活处理文化差异,根据目标受众的文化背景,对原文进行必要的调整,这包括对文化特定内容的解释、改编或替换,以确保译文在目标文化中的可接受性和有效性。斯科普斯理论提出,忠实于原文并非翻译的唯一标准,译者应在忠实于原文和适应目标文化之间取得平衡,在实现翻译目的的前提下对原文进行必要的调整,以满足目标受众的需求,确保译文的功能性和可读性。

（四）斯科普斯理论的局限性

斯科普斯理论强调译者根据翻译目的对原文进行调整，这会导致译者的主观判断过多地影响译文，进而偏离原文的真实意图，译者在应用斯科普斯理论时需要谨慎权衡，避免过度主观化。在跨文化翻译中，译者对目标文化的理解深度直接影响译文的质量，如果译者对目标文化理解不足会导致对原义的误读或误译，进而影响译文的准确性和可接受性。斯科普斯理论强调译文的功能性，导致对原文风格和语言特色的忽视，在某些情况下过度强调译文的功能会削弱原文的艺术性和独特性。

斯科普斯理论为翻译实践提供了以目的为导向的指导原则，强调译文应根据预期功能和目标受众的需求进行调整。在实际应用中，译者需要根据不同的文本类型和翻译目的，灵活运用斯科普斯理论的核心原则，确保译文在目标文化中发挥预期的作用，同时译者应注意平衡忠实于原文和适应目标文化之间的关系，避免过度强调目的。

四、文化交融理论对翻译的影响

文化交融理论（Transculturality）强调文化之间的相互作用和融合过程，认为文化不是孤立的静态存在，而是通过历史、地理、社会等因素的推动，在不断接触与交汇中发展和演化。这一理论对翻译实践和研究提出了新的要求和启发，促使译者在进行语言转换时不仅要关注语言层面的转换，更要对文化的相互交融有所思考和实践。

（一）文化交融理论的核心观点

文化交融理论提出，文化本质上是流动的、动态的，文化之间的边界并非绝对分明，而是通过互动而逐渐模糊或重新定义。在翻译实践中，这一观点提醒译者关注文化的变动性，理解文化在跨语言交际中的流通与再创造过程，译文不仅是语言的对等转换，更是文化之间的桥梁和纽带。① 文化交融理论拒绝单一文化视角，倡导从多元文化的共生关系中分析和理解文化现象，翻译活动应超越单一文化的立场，将不同文化的特点进行对比和综合，寻找其相互联系和共同点，进而形成一种能被多方接受的文化表达方式。文化交融理论强调文化之间既存在差异也有共同点，翻译的过程即一个发现和处理文化差异的过程，译者在尊重源文化的同时应注重与目标文化的对接，使译文既保留源文化的独特性又具有目标文化的可接受性。

（二）文化交融理论对翻译实践的具体启示

在翻译实践中，译者需具备高度的文化敏感性，对源语言和目标语言中的文化因素进行细致分析和处理。文化交融理论提醒译者，语言中的许多表达形式与其文化背景密切相关，错误或机械地处理这些表达，会导致误解甚至文化冲突。在处理文化差异时，归化策略和异化策略一直是翻译实践中的重要方法，文化交融理论主张译者应根据具体文本的性质和读者的需求，灵活选择这两种策略，并在适当的时候结合使用以在文化保留和文化适配之间找到最佳平衡。译文作为跨文化交流的载体，除了忠实传递原文的内容外，还需要在目标文化中发挥其实际功能，译者需要充分考虑译文在目标文化中所承担的社会、文化和交际功能，以增强译文的接受度和传播效果。面对源文化中的特定元素，如风俗习惯、历史背景、宗教象征等，译者需根据目标受众的文化背景选择合适的补充和解释方式，使读者能够更好地理解原文的意图和内涵。

（三）文化交融理论在不同领域的翻译应用

文学作品承载着丰富的文化内涵，在翻译过程中译者需要深刻理解并忠实再现原作中的文化元素，同时为了使目标读者更好地感受原作的文化氛围，译者可通过注释或重新表达的方式，对文化特定内容进行补充或说明。影视作品因面向大众传播，涉及的文化元素更加多样和复杂，在字幕翻译中译者需权衡文化保留

---

①Zhu D.Diversified and Innovative Practices of English Translation Teaching Combining Multi-Cluster Structural Modeling[J].Applied Mathematics and Nonlinear Sciences,2024,9(1).

和观众理解之间的关系,以确保译文既传递原作的核心信息又被目标观众轻松接受。广告翻译需充分考虑目标市场的文化背景和消费者心理,文化交融理论提醒译者,在保留广告创意核心的同时对文化特定的表达形式进行适当调整,使广告内容更符合目标受众的文化习惯和审美偏好。法律文本的翻译因其严谨性和规范性,对文化差异的处理尤为关键,译者需在忠实于原文法律意义的同时,确保译文符合目标法律体系的表达规范和逻辑习惯。

(四) 文化交融理论对翻译研究的推动作用

文化交融理论推动翻译研究从单纯的语言转换转向对文化现象的研究,为翻译理论的构建提供了新的视角和方法,在这一理论的指导下翻译研究更加注重跨文化交流中的动态过程和复杂性。文化交融理论强调跨文化交际的复杂性,这促使翻译研究与文化人类学、社会学、传播学等学科交叉融合,通过借鉴这些学科的理论和方法,翻译研究能够更加深入地分析和解决文化间的冲突与融合问题。文化交融理论强调译者不仅是语言的转换者,也是文化的桥梁和传播者,这一观点提升了译者在翻译活动中的主体性,促使译者更加关注文化的交互与再创造,为跨文化交际提供更高质量的服务。在全球化日益深入的今天,跨文化交际已成为各领域的重要需求,文化交融理论为译者提供了科学的指导,帮助其更好地应对跨文化翻译中的挑战,为促进国际文化交流发挥了重要作用。

文化交融理论强调翻译活动中的文化互动与融合,提出了跨文化交流中的重要问题及其解决路径。在实际翻译中,译者应结合文本特点和目标读者需求,灵活运用该理论的核心观点,实现语言与文化的双重沟通,这一理论不仅为翻译实践提供了指导原则也为翻译研究开辟了新的领域,推动了翻译学的发展与跨文化交流的深入。

第四节　后现代翻译理论发展

一、女性主义翻译理论

女性主义翻译理论起源于 20 世纪 60 年代的第二次妇女运动，并逐步发展为后现代翻译理论的重要组成部分，该理论质疑传统翻译理论中存在的性别偏见，强调性别因素对翻译的深刻影响，主张在翻译实践中体现译者的主体性，推动性别平等的表达，女性主义翻译理论不仅影响了翻译研究的视角，还为翻译实践带来了全新的方法和策略。

（一）女性主义翻译理论的起源与发展

1. 社会与历史背景

20 世纪 60 年代，第二次妇女运动推动了女性主义思潮的兴起，社会各领域开始关注性别平等的问题，在这一背景下女性主义者逐步将目光投向语言与文化领域，质疑语言体系和翻译实践中存在的性别不平等现象。

2. 理论形成与主要贡献

女性主义翻译理论的提出主要基于对传统翻译理论的批判，该理论认为传统翻译观念将译者和译文置于从属地位，忽视了译者的主体性，同时在语言转换中潜在地延续了性别歧视的语言表达模式。代表性学者包括巴巴拉·戈达尔德（Barbara Godard）、雪莉·西蒙（Sherry Simon）等，其研究促使翻译理论更为多元化并在实践中强调性别敏感性的必要性。

（二）女性主义翻译理论的核心观点

女性主义翻译理论认为，传统翻译实践对语言的处理往往带有性别倾向，译者在不自觉中沿用性别刻板印象，导致译文进一步强化了性别歧视，翻译过程中需要对原文语言中的性别因素进行深刻分析以避免译文对性别不平等现象的隐性传播。女性主义翻译理论提出，译者不仅是语言意义的传递者更是文化意义的建构者，在翻译实践中译者的主体性能够为译文注入性别平等的视角，通过有意识的改写和调整，纠正原文中存在的性别不平等现象。女性主义翻译理论主张译者在翻译时应注重语言的性别平等表达，译者可以通过替换、调整或增补的方式减少语言中的性别偏见，从而使译文更符合性别平等的观念。

（三）女性主义翻译的实践策略

1. 增补策略

在翻译实践中，女性主义翻译理论提倡通过增补注释、前言或脚注等方式，为目标读者提供更多与性别相关的文化背景信息。针对特定语言中具有性别倾向的词汇，译者可以在译文中对其含义进行扩展或解释，以增强目标读者对性别议题的理解。

2. 改写策略

改写策略强调译者在保留原文主要内容的基础上，对涉及性别不平等的部分进行有目的的调整，将原文中暗含性别歧视的表达替换为中性或更具包容性的语言以体现性别平等的理念。

3. 再创作策略

再创作策略主张译者在翻译过程中对原文进行较大程度的改编，使译文在文化和社会意义上更能适应目标读者的需求，这种策略尤其适用于文学翻译，译者通过再创作，能够更好地传递女性主义价值观。

（四）女性主义翻译理论的应用场景

在文学作品的翻译中，女性主义翻译理论强调保留作者的性别视角，同时注重对女性角色和主题的细腻刻画。处理女性作家的作品时，译者应尽量再现原作中隐含的女性主体意识，而非简单套用男性化的语言模式。对于历史文献的翻译，女性主义翻译理论主张译者对原文中的性别描述进行批判性解读。针对特定历史背景下出现的性别歧视用语，译者可以在译文中适当增补背景信息，以帮助现代读者理解文本背后的性别权力关系。新闻与媒体翻译是女性主义翻译理论的重要应用领域，译者需要在翻译时避免使用带有性别歧视或刻板印象的词汇，确保译文能够传递性别平等的社会价值观。

（五）女性主义翻译理论的影响与评价

女性主义翻译理论为翻译研究引入了全新的性别视角，拓展了翻译研究的领域，该理论促使研究者重新审视语言和文化中的性别问题，为翻译学的理论建设提供了丰富的资源和方法。在翻译实践中，女性主义翻译理论强调性别敏感性和译者的主体性，推动译者更加关注性别平等问题，这一理论对文学、影视和媒体翻译等领域产生了深远影响，提升了译文的性别包容性和文化适应性。

女性主义翻译理论的局限性主要体现在其对性别问题的强调会导致其他文化因素的忽视。一些批评者认为，过度改写原文损害译文的忠实性和完整性，在应用女性主义翻译理论时译者需要在性别平等与文本忠实之间找到平衡。

（六）女性主义翻译理论的未来发展

随着性别平等意识的不断增强，女性主义翻译理论将在翻译研究和实践中继续发挥重要作用，未来该理论与会其他翻译理论进行更多的交叉和融合，如结合文化翻译和生态翻译的视角进一步探索翻译中的性别问题。技术进步和人工智能的广泛应用也为女性主义翻译理论的发展提供了新的契机，通过自然语言处理技术对性别偏见进行更精确的分析和校正（表2-2）。

表 2-2　女性主义翻译理论的关键要点及具体策略与方法

女性主义翻译理论的关键要点	具体策略与方法
关注性别偏见	识别并修正语言中的性别歧视表达
强调译者主体性	增补、改写、再创作以体现性别平等理念
提倡性别敏感策略	使用中性或包容性语言，避免性别刻板印象
推动性别平等表达	在译文中传递性别平等的社会价值观

女性主义翻译理论为翻译研究和实践提供了宝贵的指导原则和方法，译者在

应用该理论时应结合具体文本的性质和目标读者的需求，灵活调整翻译策略，使译文既能忠实于原文又能体现性别平等的现代社会价值观。

二、解构主义翻译理论

解构主义翻译理论来源于法国哲学家德里达（Jacques Derrida）的解构主义哲学，其从语言的本质和意义的多重性出发，对传统翻译观念提出了全新的解释。解构主义翻译理论反对语言和意义的确定性，认为文本的意义并非固定，而是多层次的、开放的、动态的，译者在翻译过程中是意义的再创造者而非被动的转译者。

（一）解构主义翻译理论的基本思想

解构主义认为，语言的意义并非固定不变，而是处于流动的状态，每个词语在具体语境中的意义因读者的理解而产生多种解释，在翻译过程中译者的任务不再是试图追求对原文意义的"忠实"，而是探索原文的多重意义。解构主义翻译理论强调，每一部文本都具有多层次的意义，这些意义在不同读者、语境甚至历史背景中会表现出不同的形式，译者在翻译实践中不应拘泥于某一种单一的理解，而应尝试呈现原文的多义性。在解构主义视角下，译者被赋予了更高的主体性，不再是原文意义的机械传递者，而是文本意义的再创造者，译者可以根据自己的文化背景、理解和目的，对原文进行重新建构。

（二）解构主义翻译理论的核心观点

解构主义强调文本的开放性，认为文本没有唯一正确的解读方式，在翻译实践中，译者需要认识到原文的开放性，并通过翻译传递出这种开放性，避免过度简化原文的复杂性。解构主义翻译理论提出，翻译是对原文的解构与重构，译者在翻译过程中需要解读原文的隐含意义并将其融入目标语言文化中，同时还可以对原文进行适当的重塑，以展现其深层次的多义性。解构主义对传统翻译理论中"忠实"的概念提出疑问，认为完全忠实于原文的意义是不可能的，译者应更多关注译文的创造性与多样性，而非试图严格再现原文的某种固定意义。

(三) 解构主义翻译理论的实践策略

解构主义翻译理论鼓励译者在翻译实践中关注原文的多义性，对不同的解读进行综合考量，并通过灵活的语言表达将这些意义传递给目标读者，一些具有多重文化含义的词汇或短语可以在译文中通过注释或意译的方式加以呈现。解构主义翻译强调译者不必拘泥于源语言的形式，而应在目标语言中找到能够展现原文思想与意义的表达方式。对于一些难以直接翻译的表达，译者可以通过改写或重构的方式，使译文在目标文化中更具适应性。在跨文化翻译中，解构主义翻译理论提醒译者关注文化语境的复杂性，译者需要从不同的文化视角重新审视原文，避免过于简单化的文化迁移，确保译文在目标文化中能够体现多元的文化交融。

(四) 解构主义翻译理论在不同文本类型中的应用

解构主义翻译理论在文学翻译中尤为适用，文学作品通常具有丰富的语言特色和深层次的多义性，译者需要充分利用自己的创造性，在译文中保留或重新建构原作的语言美感与思想深度。诗歌以语言的隐喻性和多义性为主要特点，解构主义翻译理论强调在诗歌翻译中，译者应关注原作的语言游戏和语境的开放性，并尝试通过语言的创新表达，在译文中再现原作的美学意蕴。学术与哲学文本常包含高度抽象的概念与复杂的理论体系，解构主义翻译理论提醒译者，在处理这类文本时应关注文本意义的多样性，避免单一化的理解和表达。

(五) 解构主义翻译理论的影响与争议

解构主义翻译理论为翻译研究提供了全新的视角，打破了传统翻译理论对"忠实"与"对等"的固有定义，促使学者更加关注翻译中的意义建构过程。解构主义翻译理论对译者提出了更高的要求。译者不仅需要具备深厚的语言能力，还需要能够理解文本背后的文化和哲学意义，这为翻译实践带来了挑战。解构主义翻译理论虽然拓宽了翻译研究的领域，但也因其过于强调意义的多重性而受到批评，一些学者认为过度解构导致译文偏离原作，削弱原文的核心信息。

解构主义翻译理论强调语言和意义的多样性与流动性，为翻译实践和研究提供了全新的方法论指导。译者在翻译实践中，应根据文本的特点灵活运用解构主义的核心思想，在保留原作多义性的同时，实现译文的创造性表达，通过不断探索，解构主义翻译理论将在多语言、多文化背景下的翻译实践中发挥更大的潜力。

三、生态翻译学

生态翻译学以生态学的视角研究翻译活动，关注翻译过程中语言、文化、环境之间的平衡与协调，倡导翻译应符合生态可持续发展的理念，该理论由中国学者胡庚申提出，主张从语言生态、文化生态和翻译生态三大维度出发，探讨翻译与外部环境之间的互动关系，生态翻译学不仅为翻译理论提供了新的研究视角也对翻译实践提出了更高要求。

（一）生态翻译学的基本理念

生态翻译学认为，翻译是一种跨语言、跨文化的交流活动，其本质是语言、文化和环境之间的动态适配过程。翻译活动需要在不同语言系统之间建立平衡，既要忠实于源语文化，又要适应目标语文化环境。在生态翻译学的视角下，语言是一个生态系统，翻译活动中不同语言的交互需保持生态平衡。译者在翻译过程中应避免对源语言的过度依赖或目标语言的过度适应，以防止因语言的不平衡而破坏文本的整体生态性。生态翻译学主张翻译不仅是语言的转换过程，更是文化的交融和传播过程，翻译应在保持源文化特色的同时尊重目标文化的接受习惯，构建文化生态的和谐。

（二）生态翻译学的核心原则

1. 语言生态原则

语言生态原则要求译者在翻译过程中保持语言的多样性和动态平衡，源语言和目标语言作为两个独立的生态系统，译者需在语言转换中尽量保持两种语言的特质和独立性，同时避免对某一语言系统的过度改动。

2. 文化生态原则

文化生态原则强调翻译应注重文化之间的适配与平衡，译者需充分考虑文化语境的差异，避免因翻译失当而造成文化冲突或误解，同时译者需在尊重目标文化的基础上适当呈现源文化的特色与深度。

3. 翻译生态原则

翻译生态原则主张译者在翻译实践中，应注重文本内外部环境的互动与协调，译者需根据文本类型、读者需求及传播媒介等多重因素，灵活调整翻译策略，使译文与其传播环境相适应。

（三）生态翻译学的实践路径

生态翻译学强调翻译的动态适配性，译者在翻译过程中需根据具体语境和受众需求，对原文和译文之间的关系进行动态调整。动态适配的核心在于既要保留原文的文化内涵，又要使译文符合目标文化的语用习惯。在翻译活动中，生态翻译学主张在语言形式和文化内涵之间寻找平衡点，译者需在忠实于原文内容的基础上，协调语言的准确性和表达的流畅性，同时通过适当的修辞调整，使译文更具感染力和可读性。生态翻译学认为，翻译的最终目标是实现跨文化交流的有效性，译者需以目标读者的文化背景和阅读期待为导向，优化译文的结构和语言表达，使其更贴近目标读者的思维模式和接受能力。

（四）生态翻译学在不同领域的应用

文学作品作为文化的载体，翻译时需在语言和文化层面实现动态平衡，生态翻译学要求译者关注原作的语言风格和文化内涵，同时通过灵活的语言转换，使译文能够在目标文化中展现原作的艺术魅力。

科技翻译的重点在于信息的准确传递，生态翻译学提醒译者需注重术语的准确性和一致性，在保持语言精确的同时译者还需关注科技文本的文化背景，避免因文化差异导致误解或传播障碍。

商业翻译涉及营销语言和广告语言等内容，生态翻译学强调译者需根据目标市场的文化习惯，灵活调整译文的表达方式，商业翻译中语言的感染力和文化的适配性是译文成功的关键因素。

（五）生态翻译学的影响与意义

生态翻译学将翻译研究从单一的语言转换扩展到语言、文化和环境的交互领域，为翻译理论的多样化发展提供了新的启示，该理论强调翻译活动的整体性和动态性，推动翻译研究向跨学科方向发展。在翻译实践中，生态翻译学为译者提供了多维度的参考框架，译者在翻译过程中可依据语言生态、文化生态和翻译生态三大原则，优化翻译策略，提高译文的质量和可接受性。生态翻译学提倡翻译活动的生态可持续性，强调语言和文化的平衡与协调，这一理念不仅有助于增强翻译的有效性，还对全球化背景下的跨文化交流具有重要的指导意义。

生态翻译学通过引入生态学的视角，为翻译研究和实践提供了全新的思路，该理论强调语言、文化和环境之间的相互影响，为译者在复杂的翻译任务中提供了科学的指导框架。译者在翻译实践中需结合具体文本特点，灵活运用生态翻译学的核心原则，实现语言与文化的双重适配，推动跨文化交流的深入发展。

四、后现代翻译观的特征与发展

后现代翻译观是一种反思性、批判性的翻译理论，强调对传统翻译观念的颠覆与重构，关注文化差异、译者主体性和意义的多样性，其理论核心在于解构翻译的权威性和单一性，提倡多元文化共存的翻译态度，这一理论为翻译研究带来了全新的思维方式，也对实践中的翻译策略提出了新的要求。[1]

（一）后现代翻译观的特征

后现代翻译观主张语言、文化和意义并没有固定的中心，翻译应体现多样性，摒弃唯一性和绝对性的观点。传统翻译理论中，原文通常被视为不可置疑的权威，而译者的任务是忠实地再现原文的意义，然而后现代翻译观提出原文并非

---

[1] Jilu T.Unseen and Unheard: Increasing the Visibility of Limited English Proficiency Individuals Through a Language Justice Framework[J].American journal of public health,2024,114(2):190-192.

意义的唯一来源，译者的解读和目标文化的需求都可以对译文产生重要影响。

后现代翻译观强调文本的意义是开放的，不同读者从中获取不同的理解，译者在翻译过程中不仅需要关注原文的显性意义，还要挖掘其隐含意义，甚至可以根据目标文化的需求进行适当改写，使译文在新的语境中获得新的生命力。

后现代翻译观特别关注翻译中的文化差异和权力关系，认为翻译是不同文化之间的对话与互动。在全球化背景下，翻译往往涉及强势文化与弱势文化的交流，译者需要意识到这种权力的不对等关系，并通过翻译实践为弱势文化发声。

传统翻译观倾向于隐身译者的个人特质，追求"忠实"于原文的透明译文，但后现代翻译观强调译者的主体性，认为译者不仅是信息的传递者，更是意义的建构者，译者的个人理解、文化背景和审美偏好都会对译文产生深远影响。

（二）后现代翻译观的核心理念

1. 解构主义影响

后现代翻译观受到解构主义的深刻影响，强调原文与译文之间并非简单的从属关系，而是多元解读的过程，译者可以通过解构原文来揭示隐藏的意义，并在译文中重建新的文本体系。

2. 多元文化共存

后现代翻译观主张在翻译中尊重文化的多样性，既要保留源文化的独特性，又要考虑目标文化的接受习惯，通过在译文中体现文化差异，促进不同文化之间的平等交流与共存。

3. 对翻译"忠实性"的重新定义

在后现代翻译观中，传统意义上的"忠实性"被重新审视，忠实不仅仅指形式上的语言对等，还包括对文化内涵的深度理解与创造性传达。译者需要综合考量原文、译文和目标读者之间的动态关系，追求意义上的"等效"而非简单的"复刻"。

(三) 后现代翻译观的实践策略

后现代翻译观提倡根据具体翻译任务的特点，在异化和归化之间寻求动态平衡。异化策略强调保留原文的文化特色，而归化策略则注重使译文符合目标文化的表达习惯，译者需根据译文的受众和传播目的选择合适的策略，在保留文化多样性的同时提升译义的可读性。后现代翻译观认为，译者在翻译过程中可以发挥创造性，不必拘泥于原文的字面意义，而应关注原文的意图和精神。在目标文化中，译者可以通过适当的增补和改写，使译文更贴近目标读者的认知水平和情感需求。在处理文化负载词汇时，后现代翻译观主张采用灵活的文化适配策略，译者既要避免文化同化带来的单一化问题，也要防止过度异化造成的义化冲突。文化适配的核心在于寻找两种文化之间的共同点，为跨文化交流创造更多可能性。

(四) 后现代翻译观的学术与实践价值

后现代翻译观对翻译理论的多样性和深度发展具有重要意义，通过引入去中心化、解构主义和文化多样性等观念，后现代翻译观推动了翻译学科的跨学科研究，其与文化研究、文学批评和社会学等领域的结合，拓宽了翻译研究的视野。在翻译实践中，后现代翻译观为译者提供了灵活的策略选择，强调译者的主体性和创造性，提升了翻译活动的质量和文化价值，特别是在文学翻译、影视翻译和广告翻译等领域，后现代翻译观的应用尤为广泛。

(五) 后现代翻译观的影响与争议

后现代翻译观打破了传统翻译观念的限制，推动译者关注文化多样性和文本的开放性，其还提升了译者的自主权，促进了翻译活动的多元化发展，为跨文化交流提供了更为广阔的空间。后现代翻译观在强调译者主体性和多样性的同时，也面临一定的争议，部分学者认为，过于强调译者的创造性会导致译文偏离原文，削弱原文的完整性和一致性，后现代翻译观的理论抽象性较强，实践操作性相对不足。

（六）后现代翻译观的发展前景

随着全球化和跨文化交流的加深，后现代翻译观将在理论层面得到进一步深化，未来与其他翻译理论结合，形成更加综合的研究体系，为翻译学的发展注入新的活力。在技术迅猛发展的时代，后现代翻译观与机器翻译、计算机辅助翻译等技术相结合，将为翻译活动带来更多可能性，通过人工智能技术，译者可以更好地理解文本的多样性和复杂性，从而提高翻译质量。后现代翻译观强调文化多样性，这一理念将继续推动文化研究的深入开展，未来，翻译活动将不仅仅是语言的转换，还会成为文化共存与交流的重要工具。

第三章 英语翻译的技巧与方法

第一节 词汇的翻译技巧

一、词义的准确传达

词义的准确传达是翻译中最基本也是最重要的技巧之一，词汇是语言的基本单位，每一个词的意义在不同语境中可发生变化。[①] 译者在翻译时需要精准理解源语言词汇的本义和引申义，同时结合语境和目标语言的表达习惯，将词义准确传达给目标读者，为了实现这一目标译者需要掌握以下几个关键方法。

（一）结合上下文确定词义

词汇的具体意义往往受上下文的限制，只有在特定语境中，才能确定一个词的确切含义。英语单词"bank"既可以指"银行"，也可以指"河岸"，在句子"The boat was tied to the bank"中，结合上下文可以确定"bank"指的是"河岸"，而非"银行"。

译者需要结合上下文信息，而不是孤立地解读单词。"match"既可以指"火柴"，也可以指"比赛"，在语句"The football match was exciting"中，"match"显然是指"比赛"，而不是"火柴"。

[①]Colina S, Miriam Rodríguez-Guerra, Marrone N, et al. Research Documents for Populations with Limited English Proficiency: Translation Approaches Matter[J]. Ethics & Human Research, 2022, 44.

(二) 区分多义词的使用场景

英语中许多词汇具有多重意义,译者需要根据语境选择最合适的翻译。"run"可以表示"跑步",也可以表示"运营"或"运转",在句子"The machine runs smoothly"中,"runs"显然表示"运转",而非"跑步"。

在翻译实践中,多义词的翻译往往因语境的变化而呈现出显著的差异。以"spring"为例,其在不同语境中具有多重含义和不同的表达方式,以下是对"spring"在多种语境中的具体翻译分析。当"spring"出现在描述季节的语境中时,其含义为"春天",句子"The spring is coming soon."中的"spring"作为一个表示时间的名词,意指一年四季中的春季,翻译为"春天即将来临",准确传递了季节的变化和时间的临近感。而当"spring"用于描绘地理现象时,其含义会发生显著变化,句子"The water flows from the spring."中的"spring"指的是泉水,结合上下文可推断这是描述自然水流现象的语境,因此其译文为"水从泉眼流出",突出泉水源头这一地理特性。在机械或家居相关的语境中,"spring"还可以表示弹簧这一物体,"The mattress has strong springs.",在这种情况下结合物理结构的语义,翻译为"这张床垫弹簧很有力",充分体现了物品的功能特征。

由此可见,单词的具体意义在不同语境下会随着使用情境的变化而有所差异,多义词的翻译不仅依赖于单词本身的词义还需要结合语境进行综合分析,通过准确判断语境,译者能够有效避免词义误译并能确保译文的准确性和逻辑性,最终实现符合原文意图的高质量翻译。

(三) 准确处理近义词的细微差异

英语中许多近义词看似含义相似,但在使用场景和语义上存在细微差异。"famous"和"notorious"都可以描述一个人"出名",但"famous"是中性或褒义,而"notorious"则往往带有贬义,在翻译时需要特别注意这类词汇的情感色彩和语义细节。表3-1以下是几个常见近义词的对比及其在不同语境中的翻译。

表 3-1　常见近义词语境与翻译对比

词汇	含义	使用语境	翻译
look	看，强调一般的视线动作	Please look at the board.	请看黑板
watch	看，强调注意力集中	I like to watch movies.	我喜欢看电影
see	看，强调感官接触	I can see the stars.	我能看见星星

对于近义词的翻译，译者不仅需要理解其基本含义还需结合具体的语境和搭配词汇选择最合适的译文。

（四）准确处理抽象词与具体词

英语中有许多抽象词，翻译时需特别关注其具体语境。"success"可以翻译为"成功"，但在某些场景下具体化为"成就"或"业绩"，在句子"His success in business is remarkable"中，"success"更合适的翻译为"成就"或"业绩"。

一些具体词汇在翻译时需要结合语境调整措辞。"apple"可以指具体的"苹果"，但在某些固定表达中，则需进行意译，"An apple a day keeps the doctor away"更恰当的翻译为"一天一苹果，医生远离我"，而不是逐字逐句翻译。

（五）词义传达中的文化因素考量

英语中有许多词汇承载着特定的文化背景，"Thanksgiving"指的是美国的"感恩节"，其背后包含着独特的历史文化，翻译时译者需考虑目标语言读者是否熟悉这些文化背景，决定是否需要增加解释性注释。

在翻译一些涉及习俗或传统的词汇时，译者可以选择用目标文化中类似的概念进行替代。"dragon"在西方文化中常象征邪恶，而在中国文化中则象征祥瑞，翻译时需特别注意避免因文化差异引发误解。

（六）词义准确传达对翻译质量的影响

词义翻译中的偏差会直接影响译文的准确性和可接受性。将句子"The proposal was rejected"误译为"提议被接受"，会完全颠倒原意，导致严重的翻译失误。准确的词义传达不仅可以再现原文的内容，还能传递源语言的风格与文化内涵，提高译文的可读性和可信度，这对于文学翻译和学术翻译等高要求的翻译类型尤为重要。

二、词汇选择与风格适应

词汇选择是翻译活动中不可或缺的关键环节，直接关系到译文的准确性、流畅性及其风格特征的再现，译者不仅需要理解源语言词汇的意义还需根据语境、文体和读者的需求，选择目标语言中最恰当的表达方式。风格适应则要求译文在语言形式和表达风格上与原文相符，使译文既保留原作的风格，又满足目标读者的阅读习惯。

（一）根据语境选择词汇

在翻译实践中，译者需根据语境选择目标语言中最合适的词汇，相同的词在不同的句子中具有完全不同的含义，错误的选择会直接影响译文的准确性。单词"bright"既可以指"明亮"，也可以指"聪明"，在句子"The bright student answered quickly"中，显然应将"bright"翻译为"聪明"。

在翻译实践中，直译与意译的取舍是一项需要结合语境与表达效果的重要决策，有些词汇或短语在目标语言中没有完全对应的表达方式，此时译者需要在保留原文形式和传达语义之间进行权衡以确保译文既准确又自然。

以"cash cow"为例，这一短语在英语中通常用来形容能够稳定带来高收益的业务或资源，如果将其直译为"现金奶牛"，虽然形式上忠实于原文，但在目标语言中缺乏实际意义，甚至显得生硬且令人困惑。而根据语境意译为"摇钱树"则更能贴合目标语言的表达习惯，同时充分传达了原文中"持续产生利润"的核心含义。在句子"This product line has become the company's cash cow."中，"cash cow"结合上下文意指某一产品线能够持续为公司带来丰厚的利润，因此翻译为"这条产品线已成为公司的摇钱树"，不仅传递了原意还使译文更符合汉语的表达逻辑和习惯。

直译与意译的平衡取舍不仅需要考虑原文与目标语言之间的语义差异，还需综合分析语境、文本类型及目标读者的接受程度，通过在两者之间找到合理的平衡点，译者能够更好地实现内容的准确传达与表达的自然流畅，提升翻译的整体质量和可读性。

（二）根据文体特点调整用词

在翻译正式文体时译者应选择庄重、规范的词汇。在法律、学术等正式文本中，更倾向于使用书面语和技术术语，如将"get"翻译为"获得"，而非"拿到"。在翻译日常对话、小说对白或其他非正式文本时，译者可以选择更具口语化的表达方式，如句子"Let's grab some food"可译为"去弄点吃的"，而不是"去获取一些食物"。

（三）再现原文的风格特征

翻译中的词汇选择需要尽量保持原文的语气和风格，在翻译幽默风格的文本时，译者应选择能够传递幽默感的词汇和表达，而在翻译严肃文学作品时则需避免过于轻松随意的词语。语域指语言在正式性、专业性和社会环境等方面的风格变化。"children"适用于中性语境，而"kids"则更适合轻松随意的语境，译者需根据原文语域特点，在目标语言中选择匹配的词汇。

（四）翻译中特定词汇的风格差异

同义词在风格上存在显著差异，译者需根据文体选择合适的词语，英语中的"begin"和"commence"均表示"开始"，但"commence"更适用于正式场合，而"begin"的用法则更为普遍。表3-2展示了常见同义词在不同语境中的适用场景及其翻译差异。

表3-2　常见同义词在不同语境中的使用场景及其翻译差异

意思	正式场合用法	非正式场合用法	翻译
开始	The meeting will commence at 9 a.m.	Let's start the game now.	会议将在上午九点开始/我们现在开始游戏

续表

意思	正式场合用法	非正式场合用法	翻译
购买	She intends topurchase a property.	He went to the shop tobuy some milk.	她打算购买一处房产/他去商店买了点牛奶
结束	The agreement wasterminated by mutual consent.	The partyended at midnight.	协议经双方同意终止/聚会在午夜结束
询问	We would like toinquire about the terms of the contract.	Heasked about the train schedule.	我们想询问合同条款/他问了列车时刻表
孩子	Programs forchildren are available.	Thekids are playing in the yard.	提供适合儿童的节目/孩子们在院子里玩耍

通过对比可知，不同词汇在正式和非正式语境中具有不同的适配性，译者需要精准选择以符合译文的语体需求。

（五）尊重目标语言的表达习惯

翻译中如果机械照搬源语言结构或词汇，会导致目标语言中出现生硬的"翻译腔"，译者需根据目标语言的表达习惯调整措辞，使译文更加自然流畅。英语中"Happy birthday to you"可直接翻译为"生日快乐"，而不必逐字逐句翻译为"快乐的生日给你"。

翻译习语时，直译往往不能传递原文的含义，译者可以选择目标语言中具有相似意义的习语。"kill two birds with one stone"可翻译为"一箭双雕"，而不是"用一块石头杀死两只鸟"。

（六）词汇选择中的文化适配

某些词汇在目标语言中不具备直接对应的文化概念，此时需调整表达以使目标读者更易理解，"Thanksgiving"在中国文化中没有对应节日，可以直接译为"感恩节"并附加简要解释。

为了增强译文的亲和力，译者可结合目标文化选择更加本土化的表达方式。将"The cat is out of the bag"翻译为"真相大白"会比直译为"猫从袋子里跑出来了"更加符合目标语言的表达习惯。

(七) 词汇选择与风格适应对译文的影响

通过精确的词汇选择和风格调整,译文能够更加贴近目标读者的文化与语言习惯,提高译文的可读性和传播效果。特别是在文学翻译中,译者对词汇的选择不仅影响文本意义的传达,还决定了原作风格能否被忠实再现,译者需深入理解原文,选择具有文学美感的词汇,使译文既忠实原文又富有艺术感染力。

词汇选择与风格适应是翻译活动中不可忽视的重要环节,译者需根据语境、文体和文化背景精心挑选词汇,并结合目标语言的表达习惯优化译文风格,只有做到词义准确、风格匹配,译文才能兼具语言的美感与文化的深度,在目标读者中引发共鸣。

三、词汇的增减与替换

在翻译过程中,源语言和目标语言的词汇使用存在显著差异。有时,源语言的某些词汇在目标语言中显得冗余,需进行适当的删减;有时,为了更准确传达原文的语义,需要在译文中增加必要的补充信息。当原文词汇在目标语言中难以找到完全对应的表达时,译者可以通过词汇替换来达到语义上的等效,词汇的增减与替换是确保译文流畅性、准确性和自然性的关键策略。

(一) 词汇增补的必要性

源语言中某些表达蕴含特定的文化背景信息,而目标语言的读者对这些文化背景并不熟悉,此时需要增加补充性内容,使译文更易被目标读者理解。在翻译"cherry blossom festival"时,仅翻译为"樱花节"无法完整传递文化信息,因此可补充为"日本的樱花节"。

源语言中某些逻辑关系通过上下文隐含表达,但在目标语言中直接翻译会导致逻辑不清晰,译者需根据具体语境,在译文中适当增加衔接词或解释性内容。句子"He resigned, frustrated by the lack of progress"可以翻译为"他因为进展缓慢而感到沮丧,最终选择辞职"。

(二) 词汇删减的适用场景

源语言中的一些表达在目标语言中显得多余或重复，为了确保译文简洁流畅可以适当删减冗余信息。"in my personal opinion"在翻译为汉语时，"我的意见"即可涵盖"个人"的意思，因此可以删去"personal"。

某些语言习惯中，源语言倾向于使用较长的表达，而目标语言更倾向于简洁。"The doctor who treated me was very kind"可以翻译为"治疗我的医生很和蔼"，无须逐字逐句还原"who treated me"的结构。

(三) 词汇替换的灵活运用

当目标语言中缺乏与源语言完全对应的词汇时，译者可以选择意义相近的词汇进行替换。"The news spread like wildfire"可翻译为"消息迅速传开"，其中"wildfire"直接替换为"迅速"。

某些源语言词汇的字面含义在目标语言中无法传达其深层意义，此时意译替换是一种有效策略。"She spilled the beans"如果直译为"她撒了豆子"会显得不合语境，意译为"她泄露了秘密"则更符合目标语言的表达习惯。

(四) 词汇增减与替换的实践案例

表3-3是词汇增减与替换的实践应用案例。

表3-3 词汇增减与替换的实践应用案例

源语言	翻译方法	目标语言
The project was a joint venture between two companies	增补	该项目是由两家公司共同投资的合资企业
He is in hot water after the mistake	替换	他因为这个错误陷入了困境
I am going to attend the annual meeting next week	删减	我下周将参加年会

表 3-3 展示了不同情况下如何灵活运用词汇增减与替换来调整译文，以达到语义精准和表达流畅的目的。

（五）词汇增减与替换对译文质量的提升

在翻译实践中，词汇的增减与替换不仅是一种常见的技巧，更是提升译文质量、增强表达效果的重要策略。不同语言在语法结构、表达习惯以及文化背景上存在差异，译者通过适当的词汇调整，可以使译文更加流畅自然，同时也能更准确地传递原文信息。

1. 词汇增补的必要性与方法

词汇增补是一种为弥补源语言与目标语言之间表达差异而增加必要词汇的策略，这种方法通常用于目标语言需要更多信息以确保句子完整性和意义清晰的场合。"Time flies."在直译时变得过于简单，但为了符合汉语的表达习惯，可以增补为"光阴似箭"或"时光飞逝"，从而使译文更加生动、贴合目标语言的文化特点。在文化负载词的翻译中词汇增补往往显得尤为重要。"Thanksgiving"一词在汉语中没有完全对应的文化概念，因此在翻译时需要增补文化背景，译为"感恩节（美国传统节日）"，以便目标读者能够准确理解其含义与重要性。

2. 词汇删减的合理运用

与增补相对，词汇删减指在译文中省略不必要的词汇或重复表达，使译文更加简洁有力。"The girl who was wearing a red dress smiled at me."直译显得啰唆，如"那个穿着红裙子的女孩对我微笑了"，在中文中"穿着红裙子"是对"女孩"的修饰，可直接简化为"红裙女孩对我微笑"，既保留了原意又优化了语言表达。在处理重复性描述时，删减冗余也有助于提升译文的流畅度。"He shouted loudly in a very angry voice."在翻译时，若逐字逐句处理会显得过于烦琐，而适当删减可以译为"他愤怒地大声喊道"，更符合汉语的简练风格。

3. 词汇替换对表达效果的优化

词汇替换是指根据语境将源语言词汇替换为目标语言中更贴切、更符合表达习惯的词汇，此策略尤其适用于成语、俚语或习语的翻译。"kill two birds with one stone"若直译为"用一块石头打死两只鸟"过于字面化,意译为"事半功倍"则更能体现汉语的表达方式。在商业文本中,词汇替换同样至关重要。"This product is a game changer in the market." 在翻译时,若直接处理为"这个产品是市场的游戏改变者",表达效果会显得突兀,通过替换可以调整为"这款产品在市场上具有颠覆性的意义",更符合目标读者的阅读习惯。

4. 增减与替换的灵活结合

在实际翻译中,词汇增减与替换往往需要结合使用,以适应复杂的语境。"Her speech was a real eye-opener for everyone present." 中,"eye-opener"是一个比喻性表达,在翻译为"她的讲话让在场的每个人都耳目一新"时,同时应用了替换和增补策略,既传达了原意又符合目标语言的修辞习惯。对于文学文本的翻译,增减与替换更是不可或缺。"The sun sank slowly below the horizon, painting the sky in hues of crimson and gold." 可译为"夕阳缓缓落下,天际染上了金红色的光彩",这里通过增补对画面细节进行润色,同时替换语序以符合中文的语言逻辑,使译文更具画面感与美感。

5. 词汇调整对译文质量的深远影响

词汇的增减与替换不仅是语言表层的调整,还能直接影响译文的可读性和文化适配性,合理的词汇调整有助于减少源语言和目标语言之间的文化隔阂,使目标读者能够更自然地理解译文。在翻译法律文本时精准替换关键术语能够确保专业性,而在翻译广告文案时增补文化适配内容则有助于吸引目标受众。

词汇增减与替换作为翻译中的重要技巧,是提升译文质量、优化表达效果的核心手段,在实践中译者需要结合语境、文本类型和目标读者的需求,灵活运用这些策略,从而实现语言和文化的高度契合,为译文增添精准性和艺术性。

(六)词汇增减与替换的注意事项

虽然增减词汇可以提高译文的自然性,但过度增补使译文显得冗长,偏离原文意思;过度删减则会导致信息不完整。将"The report provides in-depth analysis"翻译为"该报告提供分析"显然忽略了"深入"这一重要信息。

替换词汇时需确保语义一致,避免因选择不当而歪曲原意。"She was a little

annoyed"中的"annoyed"若直接替换为"生气"会显得情感过于强烈,翻译为"有些恼火"更为精准。

词汇的增减与替换是翻译中必不可少的策略,译者需结合源语言与目标语言的表达习惯及文化背景,灵活调整词汇的使用方式,通过增补和删减,译文可以更好地适应目标语言的需求;通过恰当的替换可以克服语言间的差异,准确传达原文的意义。在实际翻译中,这些技巧的综合运用将显著提升译文的流畅性与可读性,为译者实现高质量的翻译提供重要支持。

四、词义的引申与表达

在翻译实践中,词汇的意义常常不仅限于其表面含义,还包含着复杂的引申义、隐喻义或情感色彩,这种丰富的语义特征为翻译带来了挑战,也为译者提供了展现语言技巧的空间。在进行词义引申与表达时译者需要深入理解词汇在具体语境中的意义,通过灵活运用各种翻译技巧实现语义的准确传递和文化内涵的有效呈现。

(一)准确把握词义引申的语境

词汇的引申义往往需要通过具体语境才能得以准确理解。不同语境中,词汇的引申含义会产生显著变化。单词"light"在句子"He felt light"中并非指"光"或"重量轻",而是表达一种"心情轻松"的引申义,译者需要根据上下文判断其具体含义,从而避免误译。

英语词汇中存在大量隐喻性的表达,这些隐喻意义通常超越了词汇的表面含义。"His ideas were ahead of his time"中"ahead of his time"显然并非字面意思"领先于时间",而是隐喻为"超越时代",在翻译此类句子时需以符合目标语言表达习惯的方式进行隐喻意义的转化。

(二)引申义的多样性与表达方式

许多词汇在不同情境中带有特定的情感色彩,这些情感色彩是积极的、消极的或中性的。"youth"一词在句子"The youth is full of potential"中表现为积极色彩，而在"The youth vandalized the property"中则带有消极意义，翻译时需准确传达词汇的情感倾向以再现原文的语义和风格。

某些词汇的引申义需要在翻译中进行适当的具体化处理。"green"在句子"She is green in this field"中并非指颜色，而是表示"缺乏经验"，译者可以选择直接翻译为"她在这一领域很生疏"，以更加明确地呈现原文的引申义。

（三）词义引申的文化适配

由于文化背景不同，英语中的某些引申义在目标语言中无法直接找到对应的表达。"white elephant"在英语中引申为"昂贵却无用的东西"，但直译为"白象"无法被目标读者理解。翻译时需结合目标语言文化进行适当的意译或补充说明。

英语中大量词汇隐喻来源于特定的文化传统，如宗教、历史或自然现象。"Achilles' heel"表示"致命弱点"，其引申义源于希腊神话，如果目标读者不熟悉该文化背景，可以直接翻译为"致命弱点"以便于理解。

（四）词义引申与表达的技巧

在引申义的翻译中，意译往往更能传达原文的深层含义，而直译则会导致意义模糊或难以理解。"break the ice"如果直译为"打破冰块"会显得不合语境，意译为"打破僵局"更符合目标语言的表达习惯。

英语中许多词汇具有多义性，引申义的表达需要根据具体上下文灵活处理。"run"既可以表示"跑步"，也可以表示"管理"或"运转"，在句子"The company runs smoothly"中，"runs"应翻译为"运转"，而非"跑步"，以确保译文的准确性和逻辑性。

（五）词义引申与表达的实践意义

词义的引申与表达不仅是语言层面的再现，更是对文化和语境的深刻理解与传递，准确处理引申义能够使译文更加贴合原文的情感和语义，为读者提供丰富的阅读体验。引申义的表达常常涉及跨文化的转化，译者需深入理解源语言的文化内涵,并结合目标语言文化选择合适的表达方式。"Let the cat out of the bag"在英语中引申为"泄露秘密",直译会造成误解,而意译则能有效传递原文的核心信息。

词义的引申与表达是翻译中的重要环节,译者需深入分析源语言的语义特征和文化背景,根据语境选择恰当的翻译策略,在实际操作中灵活处理词汇的引申义能够增强译文的表现力,使其既忠实于原文又符合目标语言的表达习惯,从而实现翻译的最佳效果。

第二节 句法结构的翻译技巧

一、倒装句的翻译

(一)倒装句的定义与特点

倒装句作为英语语言中一种特殊的句法结构,指在句子中颠倒主语与谓语的传统语序,以突出句子特定成分或实现某种语气效果。倒装句的使用场景广泛,既可以增强句子的修辞性和强调效果也常用于平衡句子结构或制造叙述悬念。在翻译实践中,译者需要理解倒装句的语法规则以及使用目的,结合汉语的表达特点,灵活地调整语序。"Never have I experienced such an overwhelming sense of joy",通过谓语提前突出了感受的强烈程度,翻译时可以表达为"我从未体验过如此强烈的喜悦感",既保留了原句的修辞目的也符合汉语的语序习惯。

(二)倒装句的分类与翻译方法

完全倒装句的特点是将谓语的全部部分置于主语之前,用于突出强调句子的某一部分或描述场景的动态性。"Down came the rain, soaking everything in sight",通过倒装形式将雨势的突然而猛烈表现得更加生动,在翻译时需要调整语序以便符合汉语的叙述逻辑,可以翻译为"雨倾泻而下,浸湿了眼前的一切",通过重新排列句式传达原句的动态效果和情感张力。

部分倒装句是指仅将助动词、情态动词等句子成分置于主语之前，而句子的其他部分仍保持常规语序，这类句式多用于条件句、强调句等。"Not only does she excel in academics, but she also participates actively in extracurricular activities"，翻译时需要再现其对比和强调的效果，可以表达为"她不仅在学术上表现出色，还积极参与课外活动"，在逻辑层次和句式平衡上忠实于原句。

否定意义的倒装句通常通过否定词如"never""hardly""seldom"等引导，用于表达强烈的否定或强调。"Hardly had the train left the station when it started raining"，翻译时需要结合汉语条件句的结构表达逻辑关系，可以处理为"火车刚刚离站，雨就开始下了起来"。这种翻译方式既保留了否定的语气强度，也符合目标语言的表达逻辑。

条件句倒装句式的特点在于省略"if"，而将助动词或情态动词置于句首，"Should you require any further information, please do not hesitate to contact us"，翻译时需要还原汉语条件句的常规表达方式，可以译为"如果您需要进一步信息，请随时联系我们"。这种处理方式既避免了生硬的直译，也确保了翻译结果在逻辑上通顺自然。

（三）倒装句的修辞功能与语气表达

倒装句的一个主要功能是强调句子的某一特定成分，"Only after completing the task did he feel a sense of relief"，通过句式变换突出完成任务后的情感变化，在翻译时需要结合汉语的表达方式，可以处理为"只有完成任务后，他才感到如释重负"，使译文在情感和逻辑上与原句保持一致。

倒装句在文学作品或新闻报道中，常用于增强语言的生动性和画面感，"Through the mist emerged a figure, tall and imposing"，通过倒装句将读者的注意力集中在"figure"上，在翻译时可以表达为"雾气中出现了一个高大威严的身影"，既再现了画面感也忠实于原句的情感意图。

倒装句还经常用于制造悬念，以吸引读者或听众的注意力。"Little did he know what challenges lay ahead"，通过语序变化延迟关键信息的呈现，在翻译中可以处理为"他完全没有预料到前方会有怎样的挑战",不仅保持了原句的悬念效果还使表达更加符合汉语的叙事习惯。

(四) 倒装句翻译中的常见难点

英语中某些倒装句的语序复杂,翻译时需要将其解构为更符合汉语表达的逻辑结构。"Scarcely had the meeting begun when a heated argument broke out"可以翻译为"会议刚开始,一场激烈的争论就爆发了",通过语序的重新调整保证了句意的清晰传达。

倒装句的语气特点常包含强烈的情感或特定的修辞意图,翻译时需要在语义与语气之间找到平衡。"Never again will I make such a mistake",翻译时可表达为"我绝不会再犯这样的错误",在逻辑和情感上保持了原句的完整性。

英语倒装句在表达文化特定修辞时,可能需要译者根据目标语言的文化特点进行调整。"Gone are the days of carefree youth",翻译时可表达为"无忧无虑的青春已成往事",不仅再现了原句的情感氛围也符合汉语的文化表达习惯。

(五) 倒装句在各类文体中的应用

文学作品中,倒装句常用于突出语言的艺术性和情感表达的深度。"Not a sound was heard in the dead of night",通过倒装句强化了夜晚的寂静氛围,翻译时可表达为"在深夜的静谧中没有一点声响",既保留了原文的艺术效果也符合汉语的表达习惯。

倒装句在演讲和新闻中常用于增强语言的感染力或引发关注,新闻标题"Nowhere in the world is there a sight like this"可翻译为"世上再没有如此奇观",通过语气的调整保留了倒装句的突出效果。

科技文体中的倒装句通常用于强调某一技术过程或现象的必要性,"Only with advanced technology can this problem be solved",可以翻译为"只有通过先进的技术才能解决这一问题",在逻辑和语义上达到与原文一致的效果。

(六) 倒装句翻译的未来展望

倒装句因其独特的句法结构和修辞功能,对译者的语言理解能力与文化敏感度提出了较高要求，随着翻译理论的深入研究以及翻译技术的发展，倒装句翻译的研究与实践将更加系统化和精细化。基于语料库的翻译研究可以为倒装句翻译提供更多的语言数据支持；人工智能技术也能够在翻译过程中优化复杂句式的处理能力，译者在实践中需要不断提升自身的语言能力和翻译技巧，以便在面对倒装句时能够更加自如地处理其复杂的句法和语义关系。

二、复杂句的分解与整合

复杂句作为英语中常见的语法结构，包含多个从句或修饰语，逻辑关系较为复杂，在翻译复杂句时译者需要根据目标语言的表达习惯和语义逻辑，适当进行句子的分解或整合以实现语义的准确传递和语气的自然流畅，复杂句的分解与整合不仅是技术层面的操作，更是对语义逻辑的深刻分析与再现。

（一）复杂句分解的适用场景

英语中某些复杂句由于包含过多从句或修饰语，句子较长且逻辑复杂，直接翻译会导致译文晦涩难懂，适当将复杂句分解为几个简单句有助于增强译文的清晰度和可读性。"While the weather was terrible and the roads were slippery, the driver managed to arrive on time"，可以分解为"尽管天气恶劣，道路湿滑，司机仍然准时到达"。

某些复杂句中的逻辑关系在英语中通过连接词或从句隐含表达，但在汉语中需要通过分解句子进行显性表达。"The manager who oversaw the project and ensured its success was highly praised"，可以分解为"负责监督项目的经理确保了项目的成功，他受到了高度赞扬"，从而更加清晰地传递逻辑信息。

（二）复杂句整合的翻译策略

英语中的复杂句在某些情况下通过多个从句实现结构的紧凑性和信息的集中表达，在翻译时适当整合句子可以使译文更加流畅，同时保留原文的信息密度。"The company expanded its operations, acquired new markets, and increased its revenue significantly"，可以整合为"公司扩大了业务范围，开拓了新市场，显著提高了收入"，在保持逻辑连贯的同时增强了译文的凝聚力。

在翻译涉及情感或态度的复杂句时，整合句子可以避免由于分解而导致语气的不连贯。"He apologized for his mistake and promised to make amends, which reassured everyone"，可以整合为"他为自己的错误道歉并承诺改正，这让所有人感到宽慰"，从而保留了原文的情感连贯性。

（三）复杂句分解与整合的技巧

英语复杂句中包含多个逻辑层次，翻译时需根据语境选择适当的处理方式，如果逻辑层次过于复杂，分解句子有助于增强译文的条理性；如果逻辑关系较为简单，整合句子则可以保持译文的紧凑性。"While the weather was cold and the wind was strong, the children still played outside, laughing and running around"，可以分解为"天气寒冷，风很大，然而孩子们依然在户外玩耍，他们笑着奔跑着"。

英语中许多复杂句的结构在汉语中显得冗长或不自然，根据目标语言的表达习惯对句子进行分解或整合，可以提高译文的可读性。"The new policy, which was implemented last year and aims to improve efficiency, has received mixed reviews"，可以翻译为"去年实施的新政策旨在提高效率，但获得的评价褒贬不一"，通过整合句子优化表达。

（四）复杂句分解与整合的注意事项

在分解复杂句时，需确保每个子句的语义和逻辑关系在译文中完整保留。"The professor, who is highly respected in his field, gave a lecture that was both informative and engaging"，在翻译时需保留教授的权威性以及讲座的特点，可以翻译为"这位在其领域备受尊敬的教授进行了一场既有信息量又吸引人的讲座"。

过度分解复杂句会导致译文显得过于零散或平淡，尤其是在处理文学作品或演讲时，需避免损害原文的节奏感和美感。"The sun set behind the mountains, painting the sky with hues of orange and pink, while the birds sang their evening songs"，若完全分解会破坏画面的整体感，整合为"夕阳在群山后落下，将天空染成橙色和粉色，而鸟儿唱起了晚歌"可以更好地再现原文的意境。

（五）复杂句分解与整合对译文质量的提升

通过分解复杂句，可以使译文在逻辑上更加清晰，便于目标语言的读者理解。"Although he was exhausted from work, he stayed up late to finish his project, which earned him great praise"，可以分解为"尽管工作让他筋疲力尽，他仍然熬夜完成了项目，这为他赢得了极高的赞誉"，避免信息的混乱。

在处理具有文学性的复杂句时，通过适当的整合可以更好地保留原文的语言美感。"The river flowed gently, reflecting the moonlight, while the trees swayed softly in the breeze"，整合为"河水缓缓流淌，映出月光，树木在微风中轻轻摇曳"能够更生动地呈现原文的意境。

复杂句的分解与整合是翻译中不可或缺的重要技巧，译者需结合具体的语境和目标语言的特点，灵活选择适当的处理方式。在分解与整合的过程中，既要确保语义传递的准确性，也要注重语言表达的自然性与逻辑性，通过合理运用这些技巧可以使译文更符合目标语言读者的阅读习惯，同时实现对原文风格和内容的精准再现。

三、被动语态的处理

（一）被动语态的定义与特点

被动语态是一种突出动作承受者的语法结构，广泛应用于英语语言体系中，通过动词的变化形式将句子主语定位为动作的承受者而非执行者，旨在实现语义重心的转移，这种句式通常由助动词 be 与过去分词构成，附加短语"by+执行者"则用于明确动作的发出者。"The bridge was built by the engineers"说明了桥梁的建造主体为工程师，被动语态能够消除对执行者的过多强调，从而实现表达的客观性和中立性，这种语法形式广泛出现在科技、法律、新闻等注重信息传递与逻辑条理的文体中。

（二）被动语态在不同文体中的功能特征

学术写作旨在通过事实与推理构建科学认知，其语言风格通常以客观中立为核心特点，被动语态在此类文体中常用来描述实验步骤、研究过程或结论，以突出研究对象和结果。"The experiment was conducted under controlled conditions"可以翻译为"实验是在受控条件下进行的"，其被动结构使研究过程显得更加正式严谨，在翻译过程中需保留原文语气，以符合学术文献中对逻辑性与规范性的高标准要求。

法律文体强调语言的精确与权威，而被动语态的运用能够增强其表述的正式性与条理性，"The agreement shall be terminated if any party breaches the terms"可以翻译为"若任何一方违反条款，本协议即终止"。被动表达减少了语义上的歧义，便于条款的理解与执行，在翻译时需兼顾语言逻辑与法律术语的规范性，避免造成理解偏差。

新闻文体通过对事件的客观描述实现信息传播，被动语态因其中立性特点而被广泛应用。"The policy was implemented nationwide last month"翻译为"该政策上月在全国范围内实施"，强调了事件的结果而非执行主体，这种处理方式在翻译中能够避免主观倾向，同时保持语义的清晰与逻辑的一致性。

（三）被动语态翻译的主要策略

在目标语言中，若被动语态不符合语言习惯或显得冗长，可将其转换为主动语态。"The report was reviewed by the editor"可翻译为"编辑审阅了报告"，主动表达更贴合汉语叙述逻辑，使句式更为自然流畅。

在某些正式或专业场合，为了保留原文的语气与风格，翻译时应尽量保持被动语态。"The decision was made after thorough discussion"翻译为"该决定是在经过充分讨论后做出的"，确保信息传递的严谨性与正式性。

当原句结构过于复杂或不符合目标语言表达逻辑时，可通过拆分或合并句子实现语义的准确传递。"The findings were analyzed and interpreted by a team of experts"翻译为"研究结果由专家团队进行分析与解读"，通过调整句序避免译文过于烦琐。

（四）翻译被动语态中的常见难点

英语中许多被动语态句子省略了动作的执行者，而汉语通常倾向于明确主语。"Mistakes were made" 翻译时需要补充责任主体，可译为"出现了某些错误"或"某些错误被提出"，根据语境选择合适的表达方式。

多重被动句式可能造成信息的冗长和复杂，翻译时需要调整为多句表达或优化逻辑。"The report was written, revised, and finally approved by the committee" 可翻译为"报告先后被撰写、修改，最终经委员会批准"，保留被动语态的同时使句式更加简洁清晰。

英语与汉语在语法结构与语言习惯上的差异，直接影响被动语态的翻译处理，英语中被动语态更强调动作的结果，而汉语更倾向于突出执行主体，这种文化差异要求译者在翻译中进行语气调整，以确保译文符合目标语言的阅读习惯。"The case was dismissed due to lack of evidence" 翻译为"因证据不足，此案被驳回"，既保留原文的被动结构，又符合汉语表达的自然流畅。

（五）被动语态在特定文体中的翻译技巧

文学作品中的被动语态常用于情感的渲染与氛围的营造，"She was left alone in the stormy night" 可译为"她孤身一人留在暴风雨的夜晚"，通过被动语态凸显人物的无助与环境的压迫感，增强文学的感染力。

科技文体中的被动语态通常用于描述实验、研究或技术流程，突出信息的客观性与专业性。"The data was processed using advanced algorithms" 翻译为"数据使用先进算法处理"，通过被动语态体现科技内容的严谨性。

法律与合同条款中的被动语态强调语言的规范与逻辑，"The tenant shall be liable for damages caused by negligence" 翻译为"承租人因疏忽造成的损害需自行承担责任"，通过被动结构增强条款的严谨性与规范性。

（六）被动语态翻译对译者能力的要求

被动语态的翻译不仅要求译者具有较强的语言表达能力，还需具备深厚的文化理解与逻辑分析能力，面对不同文体、不同语境中的被动语态，译者需结合语义重心与目标语言习惯，快速判断最佳翻译策略。在处理学术论文时需重点保留术语的规范性；在翻译文学作品时，则需兼顾情感表达与语言美感。

(七) 现代翻译技术对被动语态翻译的辅助

现代翻译技术，如语料库分析与机器翻译，为被动语态的处理提供了技术支持，通过语料库可以观察被动语态在目标语言中的常见译法，辅助译者选择更为贴切的表达方式，智能翻译工具能够快速识别被动语态并结合上下文提供多种翻译选项，显著提升翻译效率与准确性。

(八) 被动语态翻译的发展趋势

随着翻译技术的进步与研究的深入，被动语态的翻译方法正逐渐走向多样化与精细化，基于自然语言处理技术的翻译系统可以自动判断被动语态的语境适用性并提出优化建议，大规模语料库的应用为译者提供了丰富的案例参考，帮助其更好地理解与处理复杂句式。

被动语态的翻译不仅是一项语言技术更是一门艺术，通过深入研究语法结构与语义表达的规律，结合现代翻译技术与文化背景，译者能够更高效地应对被动语态翻译中的各种挑战，全面提升翻译的质量与水平。

四、长句与短句的灵活转换

在英语翻译过程中，长句与短句的灵活转换是提高译文质量的重要技巧之一，英语中长句结构常见，而汉语则更倾向于短句表达，这种语言特性的差异使得长句与短句的处理成为翻译中的重点与难点。译者需要根据句子的语境和逻辑关系，合理选择分解长句或合并短句，以确保译文逻辑清晰、语言流畅且表达自然。

(一) 长句分解的应用场景

英语长句中通常包含多个从句或修饰语，句子的逻辑结构复杂，直接翻译为汉语会显得晦涩难懂，此时可以通过分解长句，将其中的逻辑关系分开表达。"While the storm raged outside, the family stayed indoors, listening to the wind howling and the rain pouring down"，可以分解为"外面暴风雨肆虐，家人待在室内,他们听着呼啸的风声和倾盆的雨声",使句子层次更加清晰。

某些英语长句中包含多个信息点,逐一翻译会导致译文冗长且难以理解,分解长句可以将核心信息提炼出来,并在后续句子中展开补充。"The committee, which had been deliberating for hours, finally reached a decision that was both fair and practical",可以分解为"委员会经过数小时的讨论,最终做出了公平而务实的决定",将重点信息放置于前,突出语义核心。

(二) 短句整合的翻译策略

英语短句在某些场景中通过多句表达一个完整的逻辑关系,而汉语更倾向于用较长的句子表达完整的思想,在翻译时可以将多句整合为一个句子,使译文更加流畅。"The sun was setting. The sky turned orange. The air grew cooler",可以整合为"夕阳西下,天空变成了橙色,空气也变得凉爽",既保留了原文的信息又增强了语言的连贯性。

短句的整合需要兼顾语气的连贯性与逻辑的准确性。"She opened the window. The fresh air rushed in. She felt refreshed",可以整合为"她打开了窗户,新鲜的空气涌入,让她感到神清气爽",在保留原文语气的同时增强了句子的表达力度。

(三) 长句分解与短句整合的技巧

在长句分解过程中,需要分析句子内部的逻辑关系,包括因果、条件、转折等,确保译文表达符合原文逻辑。"If we continue to ignore the signs of climate change, we will face severe consequences that could affect future generations",可以分解为"如果我们继续忽视气候变化的迹象,我们将面临严重后果,这些后果会影响到后代",清晰地展现出因果关系。

在短句整合过程中,可以根据目标语言的表达习惯增添或省略部分词汇,以增强译文的连贯性。"He picked up the phone. He dialed a number. He waited for the call to connect",可以整合为"他拿起电话拨了一个号码,等待接通",通过调整语序和增添连词,提升语言流畅性。

（四）长句与短句转换的注意事项

无论是分解长句还是整合短句，都需要确保原文信息的完整性，同时避免因过度扩展而导致译文冗长。"The book, which was published last year and received critical acclaim, has already been translated into several languages"，在翻译时需保留"去年出版""获得好评"和"已被翻译"等核心信息，可以译为"这本去年出版并广受好评的书，已经被翻译成多种语言"，在保证信息完整的同时避免冗余。

长句与短句的转换需注意译文风格的一致性，尤其在文学翻译中，更需考虑原文的语言节奏和修辞效果。"The waves crashed against the shore. The wind howled. The storm showed no signs of abating"，可以整合为"海浪拍打着岸边，风声呼啸，暴风雨没有任何减弱的迹象"，既再现了原文的意境，又保持了语言风格的一致性。

（五）长句与短句转换对译文质量的提升

通过分解长句，可以理顺句子中的逻辑关系，使译文的层次更加分明。"While the workers were on strike, the company faced severe financial losses, which further delayed its expansion plans"，可以分解为"工人罢工期间，公司面临严重的财务损失。这种损失进一步延迟了公司的扩张计划"，清晰地展现出因果关系。

整合短句可以使译文更加连贯自然，从而提升语言的表现力。"The birds sang. The flowers bloomed. The forest was alive with activity"，可以整合为"鸟儿歌唱，花儿盛开，森林里充满了生机"，再现了原文的动态画面。

长句与短句的灵活转换是翻译过程中不可忽视的技巧，能够有效弥合源语言与目标语言之间的表达差异。译者需根据具体语境与逻辑关系，选择适当的处理方式，既要确保译文在语义上的忠实再现，也要提升语言的自然流畅性与表达力，熟练掌握这一技巧将使译文更加贴近目标语言读者的阅读习惯，同时保留原文的风格与语气特征。

第三节　语篇连贯与衔接技巧

一、逻辑关系的明确表达

逻辑关系是语篇连贯的基础，其贯穿于语言的每一个层次，从词语、短语到句子乃至段落的组织都离不开逻辑的合理性与清晰性。在英语翻译过程中，译者需准确捕捉原文的逻辑关系并在译文中明确再现，这不仅有助于保持译文的连贯性，还能够使目标语言读者更好地理解原文的思想和内涵。

（一）逻辑关系的识别与分析

英语句子中常通过连词、介词短语或分词结构来表达因果、转折、并列、递进等逻辑关系，译者在处理此类句子时，需要准确识别这些逻辑标志词及其作用。"The company faced a financial crisis because the sales dropped significantly"中的逻辑关系由"because"标志，翻译时需明确传递因果关系，可以译为"由于销售额大幅下降，公司面临了财务危机"，保留了原文的逻辑清晰度。

英语段落通常以一个主句或主旨句开头，后续句子围绕该主旨句展开论述。翻译时，需注意段落逻辑的一致性。"The new policy aims to improve efficiency. It reduces unnecessary procedures, saving time and resources"，可以翻译为"新政策旨在提高效率，减少了不必要的流程，从而节省了时间和资源"，通过调整语序和增添连接词确保逻辑流畅。

（二）逻辑关系的明确表达技巧

英语中某些句子的逻辑关系隐含在语境中，而汉语则倾向于通过显性表达将逻辑关系明确呈现。"He worked hard, he succeeded"，在英语中可以依赖语境理解因果关系，但在汉语中需增补连接词以明确逻辑关系，可以译为"他努力工作，因此取得了成功"。

英语句子的语序较为灵活，而汉语更注重因果关系的线性表达，在翻译过程中，通过调整语序可以更加清晰地表达逻辑关系。"Although it was raining, they decided to go hiking"，可以翻译为"尽管下着雨，他们还是决定去远足"，将因果关系按时间顺序呈现。

（三）逻辑关系的处理策略

在处理因果关系时，需根据上下文选择适当的表达方式，以确保逻辑清晰。"The factory was closed down due to environmental violations"，可以翻译为"由于违反了环保规定，这家工厂被关闭了"，通过显性表达因果关系，使译文更加符合汉语的逻辑习惯。

英语句子中的并列或递进关系通常通过连词如"and""but""so"连接，在翻译时可以调整为汉语中更自然的表达方式。"The team worked tirelessly and finally achieved their goal"，可以翻译为"团队不懈努力，最终达成了目标"，通过删减部分连词使语言更流畅。

英语句子中的转折关系通常通过"however""although"等词体现，翻译时需根据语境选择合适的汉语表达。"The plan seemed perfect; however, it was not implemented successfully"，可以译为"这个计划看似完美，但却未能成功实施"，通过"但"体现转折逻辑。

（四）逻辑关系翻译中的注意事项

在翻译过程中，若忽略句间或段落间的逻辑关系，会导致译文出现逻辑跳跃或前后矛盾。"The weather was bad. The match was postponed"，在翻译时若未明确因果关系，会造成逻辑不清，需译为"由于天气不好，比赛被推迟"。

在追求逻辑清晰的同时，还需避免因过度增补逻辑连接词而导致译文冗长。"She was talented, she worked hard, she succeeded"，可以翻译为"她既有才华，又努力工作，最终取得了成功"，通过适当的增补与整合，既保留了逻辑关系又保持了语言简洁。

（五）明确表达逻辑关系对译文的影响

逻辑关系的明确表达能够有效提升译文的逻辑性与连贯性，使译文内容更符合目标语言的表达习惯。"The new law was passed. It aims to protect the environment"，翻译为"新法案通过了，旨在保护环境"，清晰地呈现了句子间的逻辑。

在处理复杂逻辑关系时，通过明确逻辑主线，可以帮助目标语言读者更容易理解译文。"He failed the exam. He didn't prepare well"，翻译为"由于准备不足，他考试失败了"，避免了直译造成的逻辑不清。

逻辑关系的明确表达是确保语篇连贯与信息传递准确的关键，译者在翻译过程中，应根据具体语境与目标语言的特点，灵活处理句内和句间的逻辑关系，既要忠实再现原文信息又要符合目标语言的表达习惯，通过掌握逻辑关系的翻译技巧，可以有效提升译文的质量与可读性，从而实现语言间的有效交流与文化传递。

二、语篇衔接手段的运用

语篇衔接手段是确保译文逻辑连贯和结构完整的重要方式，通过合理运用语篇衔接手段，可以增强译文的条理性，使句子间和段落间的过渡更加流畅。英语语篇中常见的衔接手段包括词汇衔接、语法衔接和语义衔接，译者在翻译时需要对这些衔接手段进行适当调整以符合目标语言的表达习惯，保证译文内容准确且易于理解。

（一）词汇衔接的运用

在语篇翻译中，英语往往通过重复关键词实现语义的延续性，而汉语则需要在翻译时适当调整，避免因过多重复导致语言累赘。"The report highlights the importance of sustainability. Sustainability is crucial for future development"，可以翻译为"报告强调了可持续性的重要性，这是未来发展的关键"，通过代词"这"代替第二句中的重复关键词，既保留了原文信息又使译文更加简洁自然。

英语语篇中常通过同义词或近义词实现语义的衔接，而汉语则需要根据具体上下文调整用词。"The strategy focuses on innovation. This creative approach aims to improve efficiency",可以翻译为"该战略注重创新,这种创造性的方式旨在提高效率",通过"创新"和"创造性"的交替使用,使句子间形成自然的语义衔接。

(二) 语法衔接的运用

英语中大量使用代词实现句子间的连接,而汉语则倾向于在翻译时显性表达代词所指代的对象,以增强语言的清晰度。"The committee submitted its proposal. It hopes to gain approval soon",可以翻译为"委员会提交了提案,并希望尽快获得批准",通过显性表达代词"it"所指代的对象,使译文逻辑更加清晰。

英语中常通过省略实现语法衔接,而汉语翻译时需根据具体语境决定是否保留省略。"John likes coffee, and Mary tea",可以翻译为"约翰喜欢咖啡,玛丽喜欢茶",在汉语中补充省略部分,使句子表达完整且符合汉语语法习惯。

(三) 语义衔接的运用

英语语篇中逻辑关系词如"because""therefore""however"常用以明确句间关系,而汉语则需要根据语境适当调整连接词或直接通过语序表达逻辑。"The project was delayed because of bad weather",可以翻译为"由于天气恶劣,项目被延迟",通过语序调整将逻辑关系显性化,使译文更加自然。

某些情况下,英语语篇中的衔接依赖于上下文语境,而汉语翻译需补充信息以增强语义连贯。"She didn't attend the meeting. Her absence was unexpected",可以翻译为"她没有参加会议,这一缺席出乎意料",通过补充"这一缺席"增强句子间的逻辑联系。

(四) 语篇衔接中的常见问题与解决方法

英语中关键词的重复在汉语中显得累赘,译者需要通过调整句式或词汇减少重复。"The report discusses climate change. Climate change is a pressing global issue",可以翻译为"报告探讨了气候变化这一全球紧迫问题",通过省略多余的重复词汇,使译文更加简洁。

英语和汉语在表达衔接时存在文化差异,英语注重形式上的衔接,而汉语更倾向于语义上的自然流畅。"He worked hard; as a result, he achieved success",翻译时可以直接调整为"他努力工作,因此取得了成功",通过逻辑关系的显性化弥补文化差异。

(五)语篇衔接手段对译文质量的提升

合理运用衔接手段可以有效提升译文的逻辑性,使读者能够更容易理解原文的思想。"The new policy was introduced. It aims to boost the economy",可以翻译为"新政策出台,旨在促进经济发展",通过代词和语义的衔接使译文更加连贯。

合理运用语篇衔接手段可以使译文语言更加优美。"The sun was setting. The sky turned orange. The air grew cooler",可以翻译为"夕阳西下,天空变成橙色,空气也逐渐凉爽",通过句间自然的衔接增强译文的节奏感与美感。

语篇衔接手段的运用是确保翻译质量的重要环节,译者在翻译过程中需要灵活运用词汇、语法和语义衔接手段,以确保译文的逻辑连贯和语言流畅。熟练掌握这些技巧,不仅能够准确再现原文的信息与结构,还能使译文更加符合目标语言的表达习惯,从而实现语言间的顺畅转换和文化的有效传递。

三、主题与信息结构的调整

主题与信息结构的调整是翻译过程中不可忽视的重要环节,英语和汉语在表达信息时,主题结构和信息重心的呈现方式存在显著差异,译者需要根据目标语言的特点和读者的接受习惯对信息进行合理调整,通过有效的主题突出与信息组织可以使译文更具逻辑性和连贯性,同时实现对原文内容的准确传递。

(一)主题突出与句首信息的优化

英语句子中通常通过主语开头引出主题,而汉语则更倾向于以逻辑关系引导句首信息,翻译时需根据汉语表达特点调整主题位置,使译文符合目标语言的逻辑。"The project's success depends on effective teamwork",可以翻译为"项目能否成功取决于团队合作的有效性",通过调整句首信息，使主题更符合汉语表达习惯。

英语中常见复杂句开头且结构较长，而汉语更倾向于简洁的句首，翻译时需要对句首信息进行适当简化或分解。"Considering the economic challenges, the company decided to adopt cost-cutting measures",可以翻译为"鉴于经济挑战，公司决定采取削减成本的措施"，通过调整句式结构使句首更加简洁。

（二）信息重心的调整与突出

英语句子中的信息重心位于句尾，而汉语往往将关键信息放置在句中或句尾的显著位置，翻译时需适当调整信息重心的位置。"The meeting concluded with a unanimous decision to expand the project",可以翻译为"会议一致决定扩大项目"，通过将核心信息"扩大项目"置于句尾，突出了关键信息。

在语篇翻译中，英语和汉语对信息呈现的先后顺序有时存在不同的偏好，翻译时需根据上下文的逻辑关系和语境需要，重新组织信息。"He submitted the report after revising it thoroughly",可以翻译为"他经过仔细修改后提交了报告"，通过调整信息顺序，使句子的表达更加贴近汉语逻辑。

（三）主题结构的连贯与衔接

在语篇翻译中，句子之间的主题应保持一定的一致性以增强译义的连贯性，原文中若存在主题转换，翻译时需要通过调整句式或增补连接词，使主题转换更加自然。"The product is innovative. It has received positive feedback from users",可以翻译为"这款产品非常创新，用户反馈积极"，通过合并句子保持主题连贯。

在某些情况下，英语原文主题不够明确，翻译时需补充或明确主题，使译文更易理解。"After a long discussion, it was agreed to revise the plan",可以翻译为"经过长时间讨论，与会人员一致同意对计划进行修改"，通过明确"与会人员"作为主题，增强了译文的清晰度。

(四) 语篇整体结构的优化

英语段落常以主旨句开头,而汉语则更倾向于由背景信息引入主旨内容,翻译时需根据汉语段落逻辑重组信息结构。"This report outlines three major challenges. The first challenge is related to funding",可以翻译为"这份报告概述了三个主要挑战,其中首要挑战是资金问题",通过背景引入增强逻辑性。

英语语篇中长句和复杂信息较为常见,汉语翻译时需根据实际情况对信息进行整合或分解。"The company announced a new initiative to reduce environmental impact while increasing efficiency",可以翻译为"公司宣布了一项新举措,旨在减少环境影响,同时提高效率",通过分解句子内容,提升了译文的可读性。

(五) 主题与信息结构调整的翻译效果

合理调整主题与信息结构,能够使译文更符合目标语言的逻辑习惯,从而提升译文的条理性。"The team achieved remarkable results, which were recognized by the management",翻译为"团队取得了显著成果,获得了管理层的认可",通过明确信息主次关系,增强了译文的逻辑性。

信息结构的调整有助于消除因语言差异导致的生硬感,使译文更加流畅。"After completing the training, employees demonstrated improved skills",可以翻译为"员工在完成培训后展现了更高的技能水平",通过语序调整使句子表达更加符合汉语的自然习惯。

主题与信息结构的调整是翻译过程中不可忽略的重要技巧,译者需要根据目标语言的特点灵活处理主题的呈现和信息的组织,以确保译文内容既忠实于原文又符合目标语言的表达习惯。熟练掌握这一技巧不仅能够有效提升译文的连贯性与逻辑性,还能够增强译文的可读性与传播效果,实现语言和文化的深度交流。

四、语篇连贯性的维持

语篇连贯性的维持是翻译中保证译文逻辑流畅、结构紧密的重要手段,语篇的连贯不仅依赖词语和句子的衔接,还需要通过内容逻辑、语义关系和上下文一致性来实现。译者在翻译过程中,需要结合目标语言的表达习惯和逻辑特点,确保译文整体流畅、信息准确且富有逻辑性。

(一) 语义连贯的构建

英语语篇中的语义核心是语篇连贯的关键部分,翻译时需要保证核心信息清晰准确地在译文中呈现。"The company implemented new policies to improve employee satisfaction. These changes resulted in higher productivity",可以翻译为"公司实施了新的政策以提高员工满意度,这些变化带来了更高的生产效率",通过保留语义核心和逻辑关系,确保译文与原文连贯一致。

英语中常见的代词和省略结构在翻译中容易使语义不清,需根据上下文补充必要的信息以保持语义完整。"The proposal was accepted. This decision pleased the team",可以翻译为"提案被接受,这一决定让团队感到满意",通过补充"这一决定"避免代词指代模糊,增强语义的连贯性。

(二) 语法连贯的体现

英语中通过语法一致性保持句间逻辑连贯性,而汉语翻译时则需确保句式自然且逻辑流畅。"He has been working on this project for months. The results are promising",可以翻译为"他已经为这个项目工作了数月,目前的结果很有希望",通过一致的语法结构增强译文的逻辑性。

英语长句中的复杂语法影响译文的连贯性,需要根据目标语言特点进行适当调整。"The manager, who had been overseeing the project since its inception, was praised for its success",可以翻译为"自项目开始以来一直负责监督的经理因项目成功而受到称赞",通过分解句子避免因复杂句式影响语义的连贯。

(三) 逻辑连贯的维护

英语语篇中的逻辑关系常通过连接词或句间关系体现,而汉语翻译时需要根据上下文显性化这些关系。"He missed the deadline because he was unwell",可以翻译为"由于身体不适,他错过了期限",通过明确逻辑关系使句子间的连贯性更强。

在翻译过程中，若不注重逻辑连贯性，会导致译文逻辑断裂，使读者难以理解语篇内容。"The weather improved. The event was held outdoors"，可以翻译为"天气好转后，活动在户外举行"，通过补充逻辑关系词汇使两句话间的因果关系更加紧密。

（四）情感连贯的再现

英语语篇中，语气连贯性是维持整体情感表达的重要因素。翻译时需要准确再现原文的情感基调。"The author expressed deep concern about environmental issues throughout the book"，可以翻译为"作者在整本书中深切表达了对环境问题的关注"，通过一致的语气展现语篇情感的连贯性。

由于英语和汉语在文化背景和语言习惯上的差异，翻译时需结合语境调整情感表达的方式。"The speaker concluded with a heartfelt thank you to the audience"，可以翻译为"演讲者深情地向观众致谢"，通过调整表达方式使情感更符合目标语言的文化习惯。

（五）上下文一致性的保障

英语语篇中通过上下文信息的递进与铺陈实现语篇的连贯性，翻译时需要准确传递这些信息以保持内容一致。"The initial phase of the project was challenging. The team overcame these challenges with determination"，可以翻译为"项目的初始阶段充满挑战，团队凭借决心克服了这些困难"，通过保持上下文信息的延续确保语篇的一致性。

英语语篇中的某些文化特定内容会导致翻译时的割裂感，需结合目标语言文化进行适当调整。"Thanksgiving is a time for family gatherings. Everyone looks forward to this holiday"，可以翻译为"感恩节是家庭团聚的时刻，每个人都期待这个节日"，通过补充文化背景使译文更加连贯。

语篇连贯性的维持是翻译过程中不可忽略的重要任务，译者需要结合语义、语法、逻辑、情感等多个维度调整译文内容，只有通过全面理解原文并精准再现其信息和结构才能确保译文逻辑流畅、内容完整，从而实现语言的准确转换与文化的深度交流。

第四节 文体与风格的翻译

一、不同文体的特征

文体在语言表达中承载了不同的功能和特点，在翻译过程中，正确识别并传递原文的文体特征，是确保翻译质量的重要前提。不同文体在句式结构、词汇选择以及表达功能上各有显著区别，译者需要结合目标语言的文体习惯，准确还原原文的文体风格，确保译文的内容和形式与原文保持一致。

（一）文学文体的特征

1. 情感表达与语言艺术性

文学文体的核心在于情感表达，通过语言的艺术性来传递作者的情感和思想。它通常使用比喻、拟人、象征等修辞手法，以增强作品的感染力。"Her eyes sparkled like stars in the night sky"营造了一种柔美的情感氛围，翻译成"她的眼睛如夜空中的星星般闪耀"，不仅忠实于原文含义还通过优美的语言风格传达出作品的诗意与情感内涵。在文学翻译中，译者不仅需要传递字面意思还要捕捉作品中的隐喻和象征意义，从而准确再现原作的艺术感染力。

文学文体的结构通常更为自由灵活，作者会使用长句来叙述复杂的情节，或以短句增强情感冲击力。"He stood there, motionless, as if frozen in time"，在翻译时可以处理为"他伫立在那里，一动不动，仿佛时间停滞"，以保持原句的节奏与情感表现力，这类翻译需要根据上下文调整句式，避免生硬直译，同时再现原文的语言美感。

2. 语言节奏与音韵的表现

文学作品特别注重语言的节奏感和音韵美，这在诗歌和散文中尤为突出，翻译此类文本时，译者不仅要关注内容的准确传递还需尽量保留原文的节奏和韵律特征。"The woods are lovely, dark and deep"可以译为"树林幽深而迷人",通过简洁的语言重现原文的节奏感和意境美。在散文翻译中节奏感也同样重要,"The waves crashed against the rocks, a rhythm as old as time"可以译为"海浪拍打着岩石,那节奏仿佛自古以来便未曾改变",这样的翻译通过语言的音韵与节奏来保持作品的艺术性,增强读者的阅读体验。

文学翻译还需要对作品的整体风格进行把握,在翻译以戏剧性语言为特点的对白时,需要调整语气使其更符合目标语言的文化背景和表达习惯。"Do you think the stars will sing tonight?"可以译为"你觉得今晚星星会唱歌吗?",以灵动的语言传递出角色的情感与性格特征。

(二) 科技文体的特征

科技文体的首要特征在于语言的专业性和逻辑性,文章中包含大量术语,翻译时需要确保术语的准确性,并严格遵循逻辑结构。"The algorithm reduces computational complexity",可翻译为"该算法降低了计算的复杂性","algorithm"需准确译为"算法","computational complexity"则对应"计算复杂性",术语使用需符合目标语言中的行业规范。

科技文体通常使用复杂句式来表达逻辑关系,"If the temperature exceeds the threshold, the system will shut down automatically",可以翻译为"如果温度超过阈值,系统将自动关闭",在翻译中准确表达出条件与结果的关系,确保逻辑严谨。

科技文体语言风格简洁,避免使用过多修饰,信息传递直接高效。"The experiment confirms the hypothesis",可译为"实验验证了假设",翻译时需要删除冗余表达,保持原文的简洁性和信息密度,这种语言特点使科技文体在翻译中更加注重内容的逻辑连贯与条理清晰,而非情感的传递。

在科技文体中,部分表达涉及长句,长句的翻译需要按照逻辑分解为多段短句,以便更清晰地传递信息。"This device is designed to monitor, record, and analyze environmental changes in real-time",可以翻译为"该设备旨在实时监测、记录并分析环境变化",译文中以并列句的方式组织信息,有效提高信息的可读性。

(三) 新闻文体的特征

新闻文体中，标题和导语的作用至关重要，标题需简短明了，且具有吸引力，导语则需要概括主要内容。标题"Breakthrough in Cancer Research"可翻译为"癌症研究取得突破"，通过精简的语言传递核心信息；导语"Scientists have developed a new treatment for lung cancer, which significantly improves survival rates"可译为"科学家研发出新型肺癌治疗方法，大幅提高存活率"，突出信息重点以吸引读者。

新闻文体强调语言的客观性与时效性，避免主观情感表达，翻译时需保持中立立场。"The President addressed the nation yesterday"，可译为"总统昨日发表全国讲话"，译文中保留了事实陈述的中立态度，同时准确传递了时间信息，体现了新闻报道的即时性。

在新闻翻译中还需根据目标语言的表达习惯对原文进行适当调整，"The stock market saw a dramatic fall this morning"，可翻译为"今晨股市大幅下跌"，删去"saw"这种非正式表达，确保译文符合正式新闻报道的风格。

(四) 法律文体的特征

1. 严谨性与条理性

法律文体的严谨性体现在其语言表达上，要求每个词语的含义明确、句式结构严密、逻辑关系清晰，翻译法律文体时译者不仅需要对源语言的法律条文具有透彻的理解，还需确保目标语言译文在语义和逻辑上无懈可击。在翻译句子"The contract shall be effective upon signature by both parties"时，译为"本合同自双方签字之日起生效"，其中"effective"精准对应为"生效"，"upon signature by both parties"则转换为"自双方签字之日起"，既保持了法律条文的逻辑性也突出了时间与条件的严密关系。法律文体中多采用长句结构，表达层次复杂，译者需确保译文中逻辑关系的准确传递。"If the lessee fails to make the payment within the stipulated time, the lessor shall have the right to terminate the contract immediately"，可以译为"若承租人未在规定时间内支付款项，出租人有权立即终止合同",此类句子中的"if-then"逻辑需在译文中体现为条件关系,从而保证译文的条理性。

2. 固定表达方式的应用

法律文体的另一个显著特征是其使用大量的固定法律表达方式,这些表达方式在源语言和目标语言中往往有严格的对应关系。"Force majeure"常被译为"不可抗力",这类术语具有高度专业性,其翻译需要遵循法律领域的通行惯例,确保译文符合目标语言中的法律用语习惯,并避免在非专业译文中出现的语义偏差。

在涉及合同条款时,固定表达的翻译尤为重要。"Without prejudice to any other rights or remedies available under the law"常用于强调某条款的独立性,在翻译时可处理为"在不影响法律规定的其他权利或救济的情况下",既保留了原句的法律含义,又突出了条款的严谨表达。这类句子中的"without prejudice to"是法律领域的惯用表达方式,译者需熟悉其具体含义及用法,避免直译为"没有偏见"这种误解。

在处理判决书或法律声明时,固定表达的规范性同样不可忽视。"This judgment is final and binding"应译为"本判决为终局判决,具有法律约束力",这里的"final and binding"在法律文体中是一个固定短语,翻译时需要直接转换为目标语言的对应表达,而非逐词翻译。

3. 严谨逻辑与专业术语的结合

法律文体通常包含大量术语和表达框架,其使用的语言不仅具有高度精确性,还需要在翻译时保持专业性。"breach of contract"应统一译为"违约",而不能灵活处理为"违反合同",因为前者已是法律领域约定俗成的表达方式,译者在处理此类术语时需要注意其在上下文中的一致性,避免因术语翻译前后不一导致的法律漏洞。

在翻译"Any failure to perform obligations under this agreement shall constitute a breach of contract"时,可译为"未履行本协议项下的任何义务均构成违约",这里的"failure to perform obligations"直接对应"未履行义务","constitute"则译为"构成",术语使用保持了法律翻译的专业性和逻辑性。

4. 翻译过程中对文化差异的处理

法律文体翻译还涉及不同法律体系之间的文化差异。英文合同中的"good faith"通常译为"诚信"，这是英美法系中常见的原则之一，然而在目标语言中这一术语需要根据具体语境灵活处理，在合同条款中体现为"诚实信用原则"，这要求译者不仅了解术语本身的字面含义还需掌握其在特定法律体系中的实际应用。

在翻译法律判决书时，英美法系中的"precedent"应译为"判例"或"先例"，这一术语反映了英美法系的判例法传统；与之相比，大陆法系国家更强调成文法体系，因此在目标语言中译者需要在附加注释中解释判例的法律地位与作用，以避免目标读者的误解。

（五）不同文体特征的对比

表3-4总结了文学文体、科技文体、新闻文体和法律文体在语言特征、主要功能和翻译策略方面的主要区别。

表3-4 不同文体的语言特征、主要功能与翻译策略对比

文体类型	语言特征	主要功能	翻译策略
文学文体	情感丰富，修辞灵活	情感表达与艺术感染	注重艺术性与情感的再现
科技文体	精确简洁，术语专业	信息传递与知识传播	确保术语准确与逻辑清晰
新闻文体	语言简洁，结构吸引	信息报道与公众吸引	关注标题导语与内容时效
法律文体	严谨正式，表达固定	法律约束与权责界定	严格遵循法律术语与句式结构

文体特征的识别和对应是翻译工作的重要环节，译者需根据原文文体的功能和特点调整翻译策略。无论是情感丰富的文学文体，还是逻辑严密的科技文体，抑或是客观中立的新闻文体和高度严谨的法律文体，翻译时都需要在内容和形式之间取得平衡，确保译文既忠实于原文，又适应目标语言的表达习惯。

二、风格一致性的保持

在翻译过程中，风格一致性的保持是评估译文质量的重要标准之一，风格不仅是语言表达的形式特征更是作品核心思想和语境背景的延续。确保风格的一致

性，不仅要求译者对原作风格有精准把握，还需根据目标语言的表达习惯进行适当调整，以最大限度再现原作的内涵和特征。

（一）语境和语气的一致性

风格一致性的第一要素是语境的一致性，即语言表达应与原文的文化背景相适应，在翻译中语境的错位容易导致风格割裂，影响译文的连贯性和可读性。翻译一篇描述古代文化的文学作品应当避免现代口语化的表达，而是使用更为庄重和古典的语言。语气的变化会导致译文风格的断裂，特别是在文学翻译中，无论是戏谑、严肃还是抒情的语气，译者都需尽量还原原作的语气特征，并在语境中保持一致，在翻译幽默段落时不能因译者主观风格而过分强调严肃性，应确保语气的轻松与原作相符。

（二）语言层次与句式的一致性

在翻译过程中，语言的层次性体现在词汇选择与句式结构上，不同层次的语言表达往往反映了作品的风格定位。科技文体偏向正式和严谨，需避免翻译成口语化的表达；而文学文体中的对话部分采用通俗易懂的语言，要求译者根据内容合理选择语言层次。原文中短句与长句的组合往往具有特定的节奏和风格效果，翻译时需确保译文句式与原文句式在节奏感上的一致性。在科技文体中，如果原文多使用长句表述逻辑关系，译文也需避免频繁使用短句，以保持专业性和风格一致。

（三）文本整体风格的一致性

文本的标题往往是风格的重要组成部分，翻译时应注意标题与正文内容在风格上的统一性。一篇学术论文的标题需保持正式严谨，与内容风格相辅相成，而广告文案的标题则需更具吸引力，与其目标受众的期待相符。段落之间风格的不一致会导致译文整体的割裂感，在翻译新闻文体时如果某段语言正式严肃，而另一段则突然变得口语化或带有主观评价，易使读者感到混乱，译者需在整体上保持语言风格的连贯和一致。

（四）词汇和修辞的风格统一性

同义词的选择直接影响译文的风格，在文学翻译中，"走路"可以用"漫步""徘徊"等更为细腻的词汇，而在科技文体中，应选择更为直接的"步行"，译者需要根据原文的语境和风格特点合理选择词汇，避免因词汇风格的不协调导致译文风格的混乱。修辞手法是风格的重要体现之一，比喻、排比、拟人等，在翻译过程中修辞手法的处理需体现原文风格，但也需考虑目标语言的修辞习惯。如"as busy as a bee"可译为"忙得像陀螺一样"，通过本土化的修辞延续风格。

风格一致性的保持需要译者在多个层面上进行调整和把握，从语境与语气到语言层次与句式，再到文本整体风格和词汇修辞的处理，都需结合原文特点与目标语言的表达习惯进行灵活运用。无论是文学翻译还是科技文体翻译，风格一致性都是实现译文内容与形式统一的关键，也是提升译文质量的重要保障。

三、文体转换的策略

文体转换的策略是翻译实践中不可忽视的重要环节，不同文体有着独特的语言特征和表达方式，因此译者需要根据目标语言的需求和语境的要求，对原文文体进行适当调整。文体转换不仅涉及语言层面的改变，更关乎文化、语境和交际目的的适应，正确的策略可以使译文更加符合目标读者的阅读习惯与期待。

（一）正式与非正式文体的转换

正式文体通常用词严谨、句式复杂，而非正式文体则更加通俗易懂，在翻译时正式文体需要更注重逻辑性和用词的精确，法律文本或学术论文必须严格按照原文风格翻译，而非正式文体如日常对话或广告内容可以更自由地调整语气，使其更加贴近目标读者的语言习惯。正式文体常采用长句和复合句表达复杂的逻辑关系，而非正式文体倾向于使用短句和简单句以增强可读性，在翻译时正式文体应尽量保留长句的逻辑完整性，非正式文体则可适当拆分句子，增加流畅性和清晰度。

(二) 叙述性与描述性文体的转换

叙述性文体的特点在于叙事的连贯性与时间顺序的清晰，在翻译叙述性文体时，需要特别注意原文的逻辑顺序，确保故事情节的完整性，小说翻译应忠实于时间线索，不应随意改动事件的先后顺序或省略关键内容。描述性文体通常注重对人物、景物或情感的细腻刻画，语言风格往往带有一定的文学性，在翻译此类文体时需要对细节进行充分还原，并通过适当的修辞手法增强语言的生动性，对景物的描写可以使用比喻或拟人手法使译文更加形象具体。

(三) 学术性与通俗性文体的转换

学术性文体通常注重术语的准确性和句式的严谨性，翻译时需要特别注意专有名词的统一性和逻辑表达的完整性，在医学或法律领域的翻译中术语和表达的精准直接影响到专业读者的理解。通俗文体倾向于使用简单明了的语言，注重与读者的沟通效果，在翻译此类文体时需要将原文中复杂的表达方式简化为目标语言中更易理解的形式，同时保留其核心信息，科普文章的翻译需要将专业术语转化为目标读者易于接受的通俗语言。

(四) 文化特征明显文体的转换

在翻译带有鲜明地域文化特征的文体时，需要结合目标语言文化背景对表达进行调整，英文中带有西方文化典故的表达可以采用对应的本土化表达方式，增强译文的亲和力和可读性。宗教和历史文化相关的文体往往有着固定的表达模式和语言风格，在翻译时需要充分了解其文化背景，力求在目标语言中再现原文的特征，圣经或佛教经典的翻译需要忠实其原有的语言风格，避免因自由翻译而失去其精神内涵。

文体转换的策略是翻译实践中的一项综合能力，译者需要在忠实原文与适应目标语言之间找到平衡点。无论是正式与非正式文体的转换、叙述性与描述性文体的调整，还是学术性与通俗性文体的适应，都需要结合具体翻译场景和目标读者的需求进行判断。文体转换的核心在于再现原文的核心思想，同时在目标语言中保持语言风格的和谐与流畅。

四、翻译中的风格传达

在翻译过程中，风格的传达是使译文既忠实原文内容，又符合目标语言文化特点的重要环节。风格作为语言表达的灵魂，直接影响读者对文本的理解与情感体验，翻译中的风格传达不仅要求语言层面的调整，还涉及语境、文化以及受众接受度的多重考量。

（一）语言风格的再现

原文的风格往往通过词汇的选择和语气的表达得以体现，在翻译时应根据原文的语言特点选择与之匹配的目标语言词汇。庄重的风格需要选用正式、严谨的词语，而轻松幽默的风格则可以采用通俗、生动的语言，确保译文能真实再现原文的语气与情感。不同风格的文本在句式结构上有显著差异，庄严或学术性文本通常使用复杂句或从句结构，而通俗文本则倾向于采用短句或简单句。在翻译时应结合目标语言的表达习惯，在保留原文风格的同时调整句式以适应目标读者的阅读习惯，使译文更加流畅。

（二）文化风格的保留与适应

原文中的文化符号往往承载着特殊的文化意义，如谚语、典故、俗语等。在翻译过程中，如果目标语言中有等效的表达方式，可以采用对应的本地化语言；如果没有，可以通过注释或释义的方式保留原文的文化内涵。不同文化背景下，语言风格的接受程度会存在显著差异，在翻译时需要充分考虑目标语言读者的文化习惯和思维方式。西方文化中较为直白的表达在东方文化中需要调整为更加委婉的形式，以适应目标语言的文化背景。

（三）文本类型对风格传达的要求

在文学作品翻译中，风格的传达尤为重要，无论是诗歌的韵律感、小说的叙事风格，还是戏剧的语言节奏，都需要在目标语言中尽量还原。翻译诗歌时需要兼顾意象、押韵和节奏感，而翻译小说时则需要再现叙述者的语言个性和情感表达。功能性文本如法律、科技、商务等文体，风格传达主要体现在术语的准确性和表达的规范性上，在翻译此类文本时应注重逻辑性和专业性，避免因风格调整而造成信息的歧义或失真。

（四）受众需求与风格传达的结合

不同的目标读者对语言风格的期待会有所不同，儿童读者偏好简单、有趣的语言风格，而学术读者则更倾向于严谨、正式的表达，翻译时需要考虑目标读者的接受能力与偏好，对语言风格做出适当调整。翻译的目的直接决定了风格传达的方向，宣传类文本需要语言更具感染力，而教育类文本则更注重语言的准确性和逻辑性，在翻译时应根据文本的实际用途调整风格传达的重点，使译文更好地实现其功能。

风格传达是翻译艺术的核心，决定了译文是否能够忠实表达原文意图并适应目标语言的文化环境，通过语言风格的再现、文化风格的保留、文本类型的适应以及受众需求的满足，译者可以在忠实原文的基础上，使译文更加贴合目标语言的表达习惯与阅读期待，从而实现内容与风格的统一。

第四章 翻译质量评估与提高

第一节 翻译质量的评估标准

一、翻译质量概述

(一) 翻译质量的定义

翻译质量的定义不仅与语言的准确性密切相关,还涉及文化的对等性和表达的流畅性。翻译质量指的是在保留原文语义、情感、逻辑结构以及文化内涵的基础上,目标语言中的译文能够在语法、修辞、词汇选择和句法结构等方面达到符合目标语言规范的程度。高质量的译文通常能够既准确传递原文的信息,又契合目标语言的表达习惯,从而达到交流或传播的实际目的。

翻译质量具有多维度属性,需要从多个方面进行综合考量。语言层面上,词义传递的准确性、句法表达的规范性和篇章结构的连贯性是基本要求;文化层面上,译文需体现文化适应性,避免造成跨文化交流的障碍;功能层面上,译文应能够满足特定文本的交际目的或用途,比如法律文本需要强调其严谨性,而文学作品则需传达其情感与艺术价值。

(二) 翻译质量的核心特征

语义忠实性要求译文能够准确传递原文的核心信息,而不因语言或文化差异产生内容上的偏离。语义忠实的实现需要译者具备出色的双语能力和深刻的理解力，能够在不同语言体系间找到对等的表达方式，如翻译商业合同中的条款时，需避免因用词不当导致法律意义的模糊或失真。

自然性指译文在目标语言中的表达是否符合语言习惯，是否流畅易懂，翻译不仅需要注重内容的传递，还需兼顾形式的流畅。直译虽然能保留原文结构，但在很多情况下可能会显得生硬，导致目标语言使用者产生理解障碍，因此译者需要在直译与意译之间寻找平衡以确保译文既准确又自然。

文化适应性是翻译质量的另一重要维度，在不同的文化背景下语言的表达方式、逻辑结构和修辞手法可能有显著差异。高质量的翻译不仅需要保留原文的文化内涵，还需针对目标读者的文化背景进行适当调整，如将英文中的习语"kick the bucket"翻译为"去世"，而非直译为"踢桶子"，可以避免文化误解。

（三）影响翻译质量的主要因素

不同语言之间的句法、语义和表达习惯的差异是影响翻译质量的重要因素，英语多使用被动语态，而汉语更倾向于主动表达，这种结构上的差异要求译者在翻译时进行句式的调整，以确保译文的自然流畅。

语境在翻译中起着重要作用，不同的语境可能会赋予相同词语不同的意义，"bank"可以表示"银行"或"河岸"，需要根据具体的语境来确定正确的翻译，因此译者需要具备敏锐的语境分析能力，准确捕捉原文的语义。

文化差异对翻译质量的影响不容忽视，尤其在涉及文化特定表达、习语或典故时，译者需要对原文和目标语言的文化背景有深入了解，以避免由于文化隔阂造成的误解。例如，将"红色"翻译到西方语境时需要考虑其象征意义是否符合目标文化的理解。

不同类型的文本对翻译质量的要求各不相同，法律文本需要强调其严谨性与逻辑性，文学文本则需关注情感的表达与艺术性，而科技文本则以术语的准确性与信息的高效传递为核心，因此译者需要根据文本类型调整翻译策略以满足特定场景的需求。

（四）翻译质量定义的应用场景

学术论文翻译需要在术语准确、逻辑清晰和语言规范之间保持平衡。"The

study investigates the impact of social media on youth behavior",可翻译为"本研究探讨社交媒体对青少年行为的影响",确保术语与句式符合目标语言学术表达的规范。商业合同的翻译需确保语义的准确性和法律意义的严谨性,"The seller shall deliver the goods within 30 days of receiving the payment",翻译为"卖方应在收到款项后三十日内交货",需要严格按照原文的句式结构,避免任何语义偏差。文学作品翻译要求在忠实原文的基础上,保留其语言美感和情感内涵,"The sun set in a blaze of gold and crimson",可翻译为"夕阳在金色与深红的辉映中沉落",通过优美的语言再现原文的艺术风格。新闻报道翻译需兼顾语言的简洁性与信息的时效性,"The new policy aims to improve public health",可翻译为"新政策旨在改善公众健康",确保译文的清晰和内容的准确传递。

(五)翻译质量定义的演变与发展

翻译质量的定义并非一成不变,而是随着时代的发展和语言学、翻译学的进步不断演变。在早期翻译理论中,翻译质量主要以语义的忠实性为核心;随着功能主义理论的提出,对翻译质量的定义逐渐扩展到包括文本功能、交际目的和文化适应性等维度;而在现代科技的影响下翻译质量评估逐渐引入机器学习与大数据分析技术,形成了更加精细化的评价体系。

(六)翻译质量定义对实践的启示

翻译质量的定义为译者提供了明确的目标和方向,指导其在翻译实践中不断优化语言表达与文化适应能力,同时也为翻译培训和质量评估提供了理论依据,有助于建立更加科学的翻译质量管理体系。

高质量的翻译不仅需要译者具备扎实的语言基础和文化敏感性,还需结合现代技术与理论工具,灵活应对各种复杂的翻译场景,翻译质量的定义为这一过程提供了理论支撑与实践指导,其多维度属性使译者在实践中能够更全面地把握翻译的核心要素,提升翻译效果与交际效率。

二、常见的翻译评估标准

（一）忠实性标准：准确传达原文意义

忠实性是翻译评估中最基本也是最重要的标准之一，其要求译文必须忠实原文，准确传达原文的意义、情感和风格，这不仅是对词汇和句子的简单对应，更是对原文整体语境、文化背景和作者意图的深刻理解和准确表达。在翻译过程中，译者需保持高度的语言敏感性和文化意识，确保译文在语义、语法和语用层面都与原文保持一致，忠实性还体现在对原文风格的保持上，无论是正式、幽默还是抒情等风格，都应在译文中得到恰当的体现。

（二）流畅性标准：符合目标语言习惯

流畅性是评估译文质量的关键指标，其要求译文必须通顺自然，符合目标语言的表达习惯，一篇流畅的译文能够让读者在阅读时感到轻松愉悦，无须花费过多精力去理解。为了实现这一目标，译者需要对目标语言有深入的了解和熟练的掌握，能够灵活运用调整语序、替换词汇、增减句子成分等各种翻译技巧，使译文更加符合目标语言的表达习惯。流畅性还体现在对原文信息的有效整合和重组上，译者需根据目标语言的表达特点，对原文信息进行合理的梳理和重组，使译文更加条理清晰、易于理解。

（三）文化适应性标准：尊重并传达原文文化

翻译不仅是语言间的转换，更是文化间的交流，因此文化适应性成为评估译文质量的重要标准，其要求译文必须适应目标语言的文化背景，尊重并传达原文中的文化意象和内涵。在处理文化差异时译者需采取直译加解释、意译或替换等适当的翻译策略以确保译文在目标文化中的可接受性和理解性，译者还需关注原文中的文化特色和文化价值，努力在译文中保留和再现这些特色和价值，使译文成为文化交流的桥梁和纽带。

（四）审美性标准：提升译文艺术魅力

翻译作品作为一种文学艺术形式，其审美性同样不容忽视，审美性标准要求译文必须具有一定的艺术性和审美价值，能够激发读者的情感共鸣和审美愉悦，这要求译者不仅具备扎实的语言功底还需具备较高的文学素养和审美能力。在翻译过程中，译者需注重语言的韵律、节奏和意象的营造，使译文在传达原文意义的同时也呈现出独特的艺术魅力，通过巧妙的词汇选择和句式结构，译者可以创造出富有节奏感和画面感的译文，使读者在阅读过程中感受到语言的魅力和文化的韵味。

（五）专业性标准：确保译文准确无误

对于特定领域的翻译作品，如法律、医学、科技等，专业性标准尤为重要，其要求译文必须准确传达原文中的专业术语、概念和数据，确保译文的准确性和权威性。在处理专业性强的文本时，译者需具备相关的专业知识和背景信息，能够准确理解并翻译原文中的专业内容，同时译者还需关注目标语言在该领域的表达习惯和术语规范以确保译文的准确性和可读性，专业性标准的执行不仅有助于提升译文的质量还能增强译文在目标领域内的传播力和影响力。

（六）创新性标准：推动翻译事业发展

在翻译实践中，创新性同样是一个值得关注的评估标准，其要求译者在忠实原文的基础上，能够灵活运用各种翻译技巧和方法，创造出具有独特风格和魅力的译文。创新性不仅体现在词汇选择、句式结构、修辞手法的运用等语言层面的创新上，还体现在文化意象的转换、文化内涵的挖掘和再现等文化层面的创新上，通过创新性的翻译译者能够为读者提供更加丰富多元的阅读体验，推动翻译事业的不断发展。创新性也是译者个人风格和才华的体现，有助于提升译者在翻译领域的知名度和影响力。

（七）读者接受度标准：满足读者需求

读者接受度是衡量译文质量的重要标尺，其要求译文必须符合读者的阅读习惯和期待视野，能够引起读者的共鸣和兴趣。在翻译过程中，译者需关注读者的需求和反馈，了解目标语言读者的文化背景、语言习惯和心理预期，通过调整翻译策略和方法，译者可以创作出更加贴近读者需求的译文，提高译文的读者接受度和传播效果。读者接受度也是检验译文质量的重要标准之一，其能够帮助译者了解译文在目标读者群体中的接受程度和影响力，为译文的进一步改进和优化提供有益的参考。

（八）综合性标准：全面评估译文质量

除了上述具体的评估标准外，综合性标准也是评估译文质量不可忽视的一环，其要求译者从整体上对译文进行全面评估和改进，确保译文在各个方面都达到较高的水平，这包括译文的准确性、流畅性、文化适应性、审美性、专业性、创新性和读者接受度等多个方面。在评估过程中译者需综合考虑各种因素之间的相互作用和影响，确保译文在各个方面都保持平衡和协调，同时综合性标准还强调译者的主观能动性和创造性，鼓励译者在翻译过程中发挥个人风格和才华，为译文增添独特的魅力和价值。

翻译质量的评估标准涉及多个方面，包括忠实性、流畅性、文化适应性、审美性、专业性、创新性、读者接受度和综合性等，这些标准相互关联、相互补充，共同构成了翻译质量评估的完整体系（表4-1）。在翻译实践中，译者需根据具体文本的特点和要求，灵活运用这些标准对译文进行全面评估和改进以不断提升翻译作品的质量和水平；翻译质量的评估也是一个动态发展的过程，随着翻译理论的深入研究和翻译实践的不断发展，评估标准也将不断完善和更新。

表 4-1　相关评估标准对比

评估标准	描述	重要性
忠实性	准确传达原文意义、情感和风格	极高
流畅性	符合目标语言习惯，通顺自然	高
文化适应性	适应目标语言文化背景，尊重原文文化	高
审美性	具有艺术性和审美价值，激发读者共鸣	中
专业性	准确传达专业术语、概念和数据	高（针对特定领域）

续表

评估标准	描述	重要性
创新性	灵活运用翻译技巧，创造独特风格	中（鼓励但不强制）
读者接受度	符合读者阅读习惯和期待视野	高
综合性	从整体上全面评估和改进译文质量	极高

三、评估标准的适用范围

翻译质量评估标准的适用范围因文本类型、目的语读者群体以及翻译目标的不同而有所差异，在实际翻译过程中，译者需要根据具体的文本特点和目标要求灵活选取和调整评估标准，以确保译文在形式和内容上的一致性。

（一）适用于正式文本的评估标准

对于法律、技术和学术领域的文本，翻译评估标准需要强调信息的精准传递和术语的规范使用，这类文本的主要特点是信息密集、逻辑严谨、表达严肃，译文需确保与原文内容一致，并严格避免信息的任何歧义或错漏，同时对句式和逻辑的连贯性有较高要求。在正式文书如合同、政策文件或公告的翻译中，评估标准需要注重语体的正式性和格式的标准化。译文需在语言风格上保持一致，避免随意使用非正式词汇或表达方式，以便展现出文本应有的严肃性和权威性。

（二）适用于文学作品的评估标准

文学作品的翻译需要在忠实原文语义的基础上，实现对原文审美意境和情感表达的有效传递。评估标准需注重语言表达的艺术性，包括对修辞手法、意象和韵律的呈现，确保译文在目标语中的阅读体验与原文一致。文学作品中往往融入大量的文化背景和特定的社会历史信息，译者需在翻译中注重这些元素的传递。评估标准应关注文化背景的保留程度和译文情节的逻辑性，以保证目标读者能够准确理解和感受作品的文化深度。

（三）适用于新闻和广告文本的评估标准

对于新闻报道，翻译评估标准主要侧重于信息传递的及时性和准确性，译文需简明扼要地呈现核心信息，并保持行文流畅，让目标读者能够迅速理解新闻的主要内容。广告文本的翻译需要在目标文化中引发共鸣，因此评估标准需关注创意表达和文化适配性，译文需既符合目标市场的文化习惯，又能传递广告的核心价值，同时避免文化冲突或误解。

（四）适用于儿童读物的评估标准

儿童读物的翻译评估标准需强调语言的简洁明了和趣味性，确保目标读者能够在轻松愉快的阅读中理解内容，译文的句式和用词需适应儿童的语言水平，同时保留原文的教育意义和趣味性。儿童读物中图文的结合是重要特征，评估标准需关注译文内容是否与插图或图片保持一致，译者需避免出现文字与图画内容不符的情况，以保证译文的整体连贯性。

（五）适用于商业和实用文的评估标准

商业合同、市场分析报告或商务信函等文本的翻译需注重专业术语的使用和信息的准确传递，评估标准需重点衡量译文是否达到了商业交往的目标，是否清晰明确地表达了核心意图。商业和实用文本通常面向特定读者群体，评估标准需关注译文的接受度和操作性，译文需清晰易懂并提供目标读者所需的具体信息，以帮助其在实际情境中采取行动或做出决策。

（六）适用于影视翻译的评估标准

影视翻译中的字幕和配音需注重对白的自然性和情境匹配度，评估标准应考察译文是否能够在语言表达上贴近角色个性和剧本情节，并在目标语言中形成流畅自然的口语表达。影视翻译需关注字幕长度与画面展示时间的匹配程度，评估标准应考量译文是否能够在有限时间内完整传递信息，同时避免观众因过多文字而分散注意力。

评估标准的适用范围体现了翻译文本多样性和复杂性的特点，不同类型的文本和目标读者决定了评估标准的侧重点和具体要求，译者需根据文本的特点和翻译目标，灵活选用适合的评估标准，从而实现翻译质量的优化和提升。

四、翻译质量与翻译效果的关系

翻译质量与翻译效果之间存在紧密的相互联系，翻译质量的高低直接影响翻译效果的呈现，而翻译效果的反馈又能反作用于翻译质量的优化，探讨两者的关系有助于更深入地理解翻译工作的核心价值。

（一）翻译质量对效果的直接影响

翻译质量的首要标准在于信息的准确传递，这直接决定了目标读者能否正确理解文本内容，无论是法律、科技类文本还是文学作品，高质量的翻译都能够避免信息歧义或错漏，保证目标读者接收到与原文一致的信息，从而实现翻译预期的效果。翻译质量中的语言流畅度对目标读者的阅读体验具有重要影响，如果译文在语法、用词、句式上流畅自然，目标读者在阅读时就能够快速融入文本语境，达到预期的情感和认知效果；相反，低质量的翻译会因语法错误或表达不当削弱文本的感染力。

（二）翻译效果对质量的反向评估

翻译效果的优劣往往通过目标读者的反馈得以体现，译文是否能够被目标读者接受和理解，是衡量翻译质量的重要指标之一，在广告翻译中受众的兴趣程度直接反映了译文的说服力和吸引力。翻译效果受目标读者文化背景的影响较大，译文能否被不同文化群体接受是评估翻译质量的关键点之一，如果译文能够针对目标文化进行适配，符合目标读者的语言习惯和文化预期，则翻译质量往往较高。

（三）文本类型对质量与效果关系的影响

信息型文本如新闻、报告或技术文档，主要关注信息传递的准确性和清晰性，翻译质量的高低直接影响信息在目标读者中的接受程度，进而影响文本的传播效果，高质量的翻译在这类文本中表现为逻辑严谨、术语规范且语言简洁。文学型文本在翻译过程中更注重审美效果与情感共鸣，翻译质量的体现不仅限于语言的准确性，更需要在艺术性和情感表达上达到目标语的最佳效果，高质量的文学翻译能够使目标读者产生与原文读者相似的情感共鸣，进而达到良好的传播效果。

(四) 翻译目标与质量效果的互动

不同的翻译目标会对翻译质量提出不同的要求，从而影响翻译效果的实现。在国际会议的口译中，翻译质量的重点是实时性和语言清晰度，而对于诗歌翻译，则更关注韵律的保留与文化意境的传达，翻译目标的差异决定了质量标准的侧重点。高质量的翻译能够有效帮助实现翻译目标，无论是商业推广、学术交流还是文化传播，译文的质量都会直接影响目标的达成效率，如果译文质量欠佳会导致信息误解或文化隔阂，从而影响翻译效果的实现。

(五) 翻译效果优化对质量的促进

翻译效果的反馈能够帮助译者发现译文中存在的问题，从而提升翻译质量，目标读者对某些术语的理解偏差可以促使译者调整术语翻译的策略，进而提高术语翻译的准确性和适用性。翻译效果的评估过程可以为译者积累实践经验，形成质量控制的优化路径，译者在不断总结实践经验的基础上，能够针对不同文本类型的翻译需求制定更科学的质量标准，从而实现翻译质量的持续提升。

翻译质量与翻译效果的关系不仅是单向的因果关系，更是一个动态的互动过程，高质量的翻译能够带来理想的翻译效果，而良好的翻译效果又反作用于翻译质量的优化。在实践中译者需要平衡质量与效果的关系，以确保译文既符合翻译质量标准又能满足目标语读者的需求，从而实现翻译工作的价值。

第二节 常见翻译错误的类型

一、词义误译与误解

词义误译与误解是翻译中最为常见的错误类型之一，主要表现为译文未能准确传达原文词汇的含义，导致目标读者对文本信息的理解出现偏差，这种错误缘于词汇本身的多义性、语境的差异或译者对文化背景的认知不足。

（一）词汇多义性的误解

同形异义词在翻译过程中容易导致误解。英语单词"bank"既可以表示"银行"，也可以表示"河岸"，如果未能根据语境准确选择含义，译文将产生歧义，译者需要结合上下文的逻辑关系判断词义，而不能单纯依赖词典中常见的释义。在一些句子中，修饰性词汇的误解也会导致整体语义偏离原文，英语中的"fine"在不同语境下可以表示"好的""细致的"或"罚款"，如果忽视修饰词的搭配语境，就容易导致译文意思不清或完全错误。

（二）语境对词义选择的制约

技术文本中的术语往往具有固定的含义，脱离专业语境的翻译会严重影响信息的传递。"processor"在计算机领域通常指"处理器"，而在食品工业中则指"加工设备"，译者需要根据文本类型和领域知识对词汇进行正确的语义选择。

文学文本中常包含隐喻性语言，这些词汇在不同文化背景中有完全不同的解释。"rose"在英语中常象征爱情，但在其他文化中仅作为普通植物被理解，如果忽视其隐喻意义，译文则无法传达原文的深层次意图。

（三）文化背景的影响

不同文化中的特有词汇在目标语言中缺乏完全对应的表达方式。英语中的"Thanksgiving"可直译为"感恩节"，但对于不熟悉该文化的读者来说，这一节日的文化背景无法完全理解，译者在翻译此类词汇时除了语言转换外，还需要适当补充背景信息以便目标读者更好地理解。

习惯用语和固定搭配具有一定的文化特性，如果按照字面意思直译，往往无法准确传递原文的真实含义。"kick the bucket"是英语中的习语，字面意思是"踢水桶"，实际含义却是"去世"，翻译时需要充分考虑源语文化的习惯表达方式，选择目标语中功能等同的习语或表达方式。

（四）译者主观判断带来的误译

某些词汇在源语言中具有多层次的语义，"power"既可以表示"权力"，也可以表示"电力"，还可以表示"能力"。如果译者仅选择其中一种意义而忽略其他可能性就会导致误译，译文需要在上下文中体现原文语义的层次感，而非单一化处理。在翻译过程中，译者有时基于个人理解对原文进行过度推测，甚至擅自增加或删减内容，这种情况往往发生在对原文意义把握不够准确时，误译会使目标读者接收到的信息偏离原文的真实内容。

（五）常见的词义误译案例分析

英语中的"big"和"large"虽然均表示"大"，但在某些语境中并不完全等同，"big mistake"表示"严重的错误"，而用"large mistake"代替则显得不自然，译者在翻译中需要敏锐地感知词汇间的微妙差异，避免因同义词误用导致译文生硬或不准确。

某些表达中反义词的翻译也能引发语义错误，"hardly"在英语中表示"几乎不"，但其形式上与"hard"相似，容易被误译为"努力地"，这种错误不仅影响句子含义还会改变原文的整体逻辑。

词义误译与误解作为翻译中较为常见的错误类型，对译文的准确性、流畅性和可读性产生了显著的负面影响。译者需要在翻译过程中结合语境、文化背景和上下文关系，对词汇意义进行准确的判断和传达，同时避免主观臆断或过度猜测，从而提高译文质量，确保目标读者能够接收到准确且完整的信息。

二、结构性错误

结构性错误在翻译过程中占据重要比例，主要体现在语序混乱、句式选择不当以及逻辑关系不清等方面，这些错误不仅会破坏目标文本的可读性，还会导致信息传递的准确性受到影响，深入探讨结构性错误的成因和解决方法对于提高译文质量具有重要意义。

（一）语序混乱导致的错误

在英语翻译中，句子的主从结构具有一定的固定模式，但汉语灵活多变的表达方式容易让译者忽略这一点。将"Because he was late, he missed the train"翻译为"因为他错过了火车，所以他迟到了"，明显颠倒了主从关系，译者需要充分理解原文的逻辑层次，确保语序符合目标语言的表达习惯。

英语形容词一般置于被修饰词前，而汉语则较为灵活，这种差异在翻译中容易被忽视。将"a beautiful girl"翻译成"一个女孩美丽"，就违背了汉语习惯的表达方式，译者在处理修饰语时应结合目标语言的语法特点进行调整，避免因语序不当而产生歧义。

（二）句式选择不当导致的错误

英语中使用长句较为普遍，而汉语则倾向于分解长句以便阅读。"The man who had just entered the room, carrying a heavy suitcase, was clearly exhausted"，可以翻译为"刚走进房间的那个人，提着一个沉重的行李箱，显得很疲惫"，如果未能合理分解长句，会导致译文冗长晦涩，影响信息传递的准确性。

某些翻译忽视了句式的逻辑关系，导致语义表达出现偏差。将"Not until he finished his homework did he go to bed"直译为"他没有完成作业，直到他上床睡觉"，完全忽视了否定副词位置对逻辑关系的影响，这类错误需要译者注意原文的结构特点，确保逻辑关系清晰。

（三）逻辑关系处理不清的错误

英语句子中的因果关系多用从句连接，而汉语则更注重分句逻辑。"He left because he was angry"翻译为"他生气了，因为他离开了"，就颠倒了因果关系的顺序，译者在翻译时，需要根据上下文判断因果关系的逻辑顺序并以目标语言的表达习惯为准。

对比结构常通过连词体现，但翻译中若忽略这些连词的存在，容易让译文显得逻辑不清。"He is rich, but he is not happy"翻译为"他很富有，他不开心"，就丢失了"但是"这一对比连词的作用,从而削弱了句子表达的对比效果。

(四) 文化差异引起的结构性错误

英语中被动语态较为常见,而汉语中被动结构的使用相对较少,翻译过程中直接套用原文的被动语态容易使译文显得不自然。"The book was written by him"如果直译为"这本书被他写了",则明显不符合汉语的表达习惯,可以调整为"这本书是他写的",更符合目标语言的习惯。

英语句子通常具有较强的层次感,而汉语句子更注重整体的流畅性。"After he had finished his homework, he went out to play",如果按层次逐句翻译,容易变得生硬,优化为"他完成作业后就出去玩了"更符合汉语表达习惯。

(五) 解决结构性错误的策略

针对语序混乱的问题,译者需要结合上下文语境判断逻辑层次,调整句子主从结构,使目标语言的表达更加符合逻辑。将"Only after he apologized did she forgive him"翻译为"只有在他道歉之后,她才原谅他",既符合汉语语法也保持了原文的逻辑。

译者需要灵活处理长句与短句的转换,根据目标语言的特点调整句式。将"While he was talking, she kept silent"翻译为"他说话的时候,她一直保持沉默",通过分句方式让译文更加流畅和自然。

针对因文化差异引发的结构性错误,译者需要对源语言和目标语言的文化背景有深入的理解,并通过平衡语言差异实现语义的准确传递,处理被动语态时可根据目标语言的表达习惯调整为主动语态。

结构性错误是翻译中常见的问题之一,其影响不仅局限于译文的可读性,还会导致信息传递的偏差甚至误解。译者需要在翻译过程中结合语法特点、逻辑关系以及文化背景,通过调整语序、优化句式和灵活处理逻辑关系来解决这些问题,从而提升翻译质量和目标文本的可读性。

三、文化误译

文化误译在跨文化翻译中是一种常见且复杂的现象,由于不同语言承载着各自独特的文化背景,译者在进行翻译时需要在语言转换的同时考虑文化因素,文化误译的存在不仅会影响目标文本的准确性还会导致读者对信息的误解或错读,进而影响交际效果。

(一) 文化误译的主要表现

文化特定词汇通常指那些只在某一文化中具有意义或特殊含义的词汇,如果译者对源语言中的文化特定词汇理解不足,就会导致误译。将英语中的"Thanksgiving"简单翻译为"感恩节",虽然词义正确,但忽略了其深层的文化背景和宗教意义,在不同语言之间的转换中这类词汇需要通过注释、意译等手段补充说明。

每种语言都包含着表达日常风俗习惯的句子或词语,这些内容在翻译时容易因文化差异而出现偏差。如果将汉语中的"吃月饼赏月"直接翻译为"eating mooncakes while enjoying the moon"显得过于直白,且缺乏文化内涵,译者在面对这类表达时,应结合目标文化的理解习惯进行调整,以使译文更加自然。

成语和固定搭配是文化误译的另一主要来源,这类表达方式往往承载了特定的文化背景和历史典故。汉语的"画蛇添足"如果直译为"drawing a snake and adding feet"则容易让目标语言读者产生误解,正确的处理方式是选择意译为"to overdo something unnecessary"。

(二) 文化误译的主要成因

译者如果缺乏对源语言文化背景的深入理解,在翻译过程中对文化特定内容就会产生错误的判断。例如,"red roses"常象征爱情,而汉语中红玫瑰更多用于表达喜庆或正式场合的装饰,这种文化上的差异会直接影响译文的准确性。

翻译不仅是语言的转换过程,更是文化的交流过程,译者如果忽视目标文化对源语言文化内容的接受程度,会导致译文在目标读者中引发不适。将"to toast someone"翻译为"敬酒",虽然表面意思相符,但如果忽视目标文化中敬酒的礼仪方式会使译文不够贴切。

文化负载词汇指的是那些包含特定文化背景和历史积淀的词汇,如果处理不当，就会导致译文失去源语言的文化内涵。例如，"Big Apple"不仅仅指苹果，还特指纽约市，这种隐喻如果未能妥善处理，就会让读者难以理解其真正的含义。

(三) 解决文化误译的策略

译者应在翻译前充分了解源语言文化的背景、风俗和历史，确保对文化特定内容的准确把握。在翻译与节庆相关的词汇时，译者需要了解节庆的来源和意义，并选择合适的翻译策略以准确传递信息。

针对文化差异明显的内容，译者可以根据目标文化的接受习惯采取归化或异化的翻译策略，归化策略可以使目标语言读者更容易接受译文，而异化策略则能够保留源语言文化的独特性。汉语中的"龙"在西方文化中用"dragon"表述时，可以通过注释解释其积极象征意义以避免误解。

注释和脚注是解决文化误译的重要工具，特别适用于那些难以直接翻译的文化特定内容。汉语的"阴阳"可以在翻译时保留原词并在脚注中说明其哲学意义和文化背景，以帮助目标语言读者理解。

(四) 文化误译对译文质量的影响

文化误译会直接影响译文对原文信息的传递效果，如果目标语言读者因文化误译而对信息产生误解，不仅会削弱译文的表达力还会影响读者对译者专业性的信任。译文是否能被目标语言读者自然接受，直接关系到翻译的成功与否，文化误译会让译文显得生硬或突兀，甚至会使读者产生文化疏离感，这对翻译质量的影响尤为明显。在跨文化交流中，翻译不仅是语言的转换更是文化的桥梁，文化误译会导致源文化被错误解读，甚至引发文化误会或冲突。将"cheers"翻译为"干杯"，如果忽视了不同场景下"cheers"的多义性，则会使译文表达不准确。

(五) 翻译中的文化敏感性

译者在处理文化内容时，应始终保持文化敏感性，注意到不同文化之间的差异，对源语言文化的尊重和对目标文化的适应可以减少文化误译的发生，译者需要在翻译过程中寻找文化共性，同时尊重文化个性，从而发挥文化与语言之间的有效桥梁作用。

文化误译是翻译实践中不可忽视的问题，针对文化特定词汇、习俗表达和文化负载词汇，译者需要采取灵活的策略，通过结合源语言文化和目标语言文化的特点，平衡文化间的差异，只有在充分尊重两种文化的基础上才能实现翻译的准确性与义化交流的顺畅性。

四、语用错误

语用错误是翻译过程中较为复杂的一类错误，主要是译者忽视了语言在具体语境中的使用规则或目标语言的文化习惯所导致，这类错误不仅影响译文的连贯性与准确性还会干扰读者对原意的理解，甚至会导致文化误解或交际失败。

（一）语用错误的主要表现

在不同文化中，礼貌程度的表达方式存在显著差异，翻译过程中若不能正确把握，极易导致语用错误，某些语言中含有尊敬、委婉或礼貌的表达方式，而直译会使译文显得过于生硬。"麻烦您"若翻译为"please trouble you"就会显得直白不礼貌，而"Could you please"…更符合英语表达习惯。

语言的使用离不开具体的语境，语用错误常常发生在忽略语境的情况下。例如"好久不见"，若简单翻译为"Long time no see"，虽然语法正确，但如果使用场景正式或者严肃，这样的表达就显得不合时宜，更应该根据语境调整为"It's been a while since we last met"。

不同语言中，句子的语用功能不同，而直译会误导读者。汉语的"你怎么不早说？"具有抱怨的语用功能，如果直译为"Why didn't you say earlier?"英语读者会误解为一种真正的疑问而非抱怨，进而破坏原文的语气和情感。

（二）语用错误的主要成因

语用错误的产生往往是由于译者对目标语言文化习惯了解不足，在中英文翻译中，中文习惯于表达谦虚，而英语则更倾向于直接表达个人观点，如果翻译时仍沿用中文的谦虚表达方式会让目标语言读者产生误解。

翻译不仅是语言的转换，更是文化和交际的桥梁，若译者忽略了语境和交际目的，会导致译文在目标语言环境中难以被正确解读，在翻译商业信函时如果使用过于随意的语气就会被视为不够专业，从而影响翻译效果。

语用错误常常与语言习惯的机械迁移有关，即译者将源语言的语用习惯直接套用于目标语言，而忽视了两种语言在表达方式上的差异。将"请问你吃了吗"直译为"Have you eaten yet?"在英语语境中容易被误解为单纯的问候，而无法传递出原本的寒暄含义。

（三）语用错误的影响

语用错误直接导致信息传递失真，使译文难以表达出原文的真正含义。当"再说吧"被翻译为"Let's talk about it later"时，英语读者会误解为某种敷衍或回绝，而实际上其在汉语中是表达一种灵活处理的意图。

语用错误引发目标语言读者对源语言文化的不正确解读，从而加剧文化误解。"你好"在翻译成英文时，直接使用"Hello"虽然语法正确，但忽视了中文中的问候更多具有表达关心的功能，因此在特定场景下使用"Hi, how are you?"更为贴切。

语用错误会影响译文的自然性，使目标语言读者难以接受，尤其是在正式场合，如果使用了不符合目标语言文化的语用表达方式会被误解为缺乏专业性或尊重。

（四）避免语用错误的策略

译者在翻译前应深入了解目标语言的文化习惯和交际规则，在翻译商务文档时应清楚目标语言中使用敬语的具体规则，以确保译文符合目标语言的语用规范。在翻译过程中，应始终考虑语言的使用场景和交际目的，在翻译口头语时应根据语境决定是否保留原文的语气与风格，以确保译文能够自然流畅地传递信息。针对语用表达的差异，译者需要在翻译中灵活调整。在中文中表达歉意时，常使用"真不好意思"，但在英语中更常见的表达是"I'm terribly sorry"，这种调整能够让目标语言读者更自然地理解。

（五）语用错误对翻译质量的启示

语用错误在翻译实践中具有警示作用，表明翻译不仅需要注重语言表面的准确性，还需要深入理解语言的使用规则和文化背景。避免语用错误的关键在于培养文化敏感性和语境意识，并灵活运用翻译策略，以确保译文在目标语言中的准确性和流畅性。

语用错误是翻译质量评估的重要维度之一，译者应通过提升文化素养和语用能力，全面考虑语言的交际功能和文化差异，从而减少语用错误的发生，提升译文的质量和接受度。

第三节　翻译质量控制的方法

一、自我校对与反思

翻译质量的提升离不开译者的自我校对和反思，这是一种能够在实践中不断优化译文的核心方法，译者在完成初稿后，通过严谨的校对和对自身问题的反思可以有效减少疏漏，提升译文的准确性和表达的流畅度。

（一）自我校对的重要性

自我校对能够帮助译者及时发现初稿中遗漏的细节或显而易见的错误，许多翻译错误往往并非源自知识盲点，而是不经意的疏忽造成的，句子中单词的拼写错误或语法的不一致，通过校对可以有效避免这些问题的积累。在校对过程中，译者能够从整体上审视译文的逻辑连贯性和结构合理性，确保译文在语义和形式上保持一致性，尤其是在涉及长篇文章时校对可以帮助检查是否存在段落内容脱节或过度重复的情况。自我校对不仅是发现错误，更是重新审视翻译风格是否贴合原文的语气以及目标语言的习惯，不同类型的文本需要在翻译中体现特定的风格，校对能够确保译文的语言风格与原文一致。

（二）自我校对的方法与步骤

在校对时，可先将译文分段进行逐一检查，逐句核对与原文是否一致，确保没有遗漏任何关键信息，在分段校对完成后再从整体结构的角度审视全文，检查语篇的逻辑性和一致性。自我校对应划分为多个阶段进行，第一轮校对集中于语法和拼写，第二轮校对关注句式的流畅性与准确性，第三轮校对可以专注于译文风格的优化，通过分阶段的方式能够逐步减少遗漏。在校对时，可以借助翻译软件或语言校对工具辅助查错，尤其是拼写错误和格式不统一的情况，虽然工具无法完全替代人工校对，但其能够显著提高效率，降低基础错误的发生率。

（三）反思在翻译中的作用

反思是校对的延续，译者在校对后应及时总结出现的共性问题，特定领域词汇理解偏差或对某些句法的处理不够熟练，通过问题总结能够为未来翻译积累经验。反思过程中可以对比原文和译文的差异，思考是否完全体现了原文的核心思想，分析是否存在译文表达偏离原文意图的现象，从而进一步提升翻译的精准度。翻译不仅是语言的转换，更是文化的交流。通过反思，译者能够意识到自己在跨文化翻译中是否存在偏颇以及如何更好地传递原文的文化内涵，从而提高翻译的文化敏感性。

（四）自我校对与反思的常见问题

译者在校对时若仅关注字面翻译的准确性，容易忽略译文整体的语境表达效果，字面准确只是翻译的一部分，校对时需要更多关注句子在目标语言中的自然性。自我校对是一项细致入微的工作，但译者有时因为任务繁重或时间紧迫而流于形式，这种情况下的校对往往难以达到理想的效果，在校对过程中译者需要保持足够的耐心。反思的过程需要结合外界反馈，有些译者倾向于孤立地进行自我反思，而缺乏与其他译者或语言专家的交流，这限制了译者对自身问题的认识深度。

（五）改进自我校对与反思的建议

制定明确的校对流程，可以帮助译者逐步规范自己的翻译质量控制方法，每次翻译后预留足够的时间进行多轮校对，并记录每一轮校对发现的问题。译者可以将校对中发现的问题记录下来，形成一个翻译经验库，以便在后续工作中参考，记录常见的句法问题或特定领域术语的标准译法，这种方法有助于优化反思效果。在完成翻译项目后，定期回顾自己的翻译成果，与其他译者的译文对比，或者参考客户的反馈意见，能够帮助译者发现自身不足，并为改进翻译方法提供依据。

（六）自我校对与反思的意义

自我校对与反思不仅是翻译质量控制的重要环节，更是译者不断成长的关键途径，这一过程中译者能够通过重复的检查与思考，逐步建立起对目标语言的敏感性，同时提升对原文的理解能力和文化适应力。翻译实践的每一次改进都源于深入的校对和反思，译者在这一过程中积累经验，最终实现翻译质量的显著提升。

二、同行评审机制

同行评审机制是提高翻译质量的重要途径之一，通过集体智慧和多角度审视，能够更为全面地评估译文的准确性和适配性，同行评审的关键在于充分发挥专业人员的协作能力，弥补单一译者在视角和知识领域上的局限性。[1]

（一）同行评审机制的意义

同行评审机制能够有效识别译者未能察觉的语言表达问题或文化背景差异所导致的偏误，不同译者由于语言理解能力、文化知识储备和翻译经验的差异，在审阅过程中可以发现单独校对中难以察觉的细节问题。在翻译过程中，尤其在涉

---

[1] Adkins D A.Lost in Translation:Limited English proficiency and navigating health care[J].Journal of Pain and Symptom Management,2024,67(5):646-647.

及专业领域的文本时，术语的一致性是影响译文质量的关键因素之一，同行评审通过对术语的集中讨论可以建立规范的术语标准，避免在不同部分出现表达差异。在翻译长篇文本或团队合作的翻译项目时，风格统一性通常是一个难以完全把控的问题，同行评审机制能够在统一风格方面起到协调作用，使译文在整体上表现出一致的语气和文体特征。

（二）同行评审的实施方法

在实施同行评审机制时，建立一个分工明确的小组非常重要，小组成员可以根据各自的专业领域、语言优势或特长进行分工，某些成员专注于技术术语的准确性，另一些成员则关注句法结构的流畅性和文化适应性。同行评审可以分多轮次进行，第一轮集中于基本语法、词汇的准确性，第二轮注重译文整体逻辑、段落间的衔接性，第三轮则可以结合最终读者的预期对风格进行优化，每一轮结束后团队成员需要提出详细的反馈意见，并就改进方案达成共识。在同行评审过程中，通过讨论会的形式可以更充分地表达不同的观点与建议，在讨论会中评审成员可以共同分析译文中存在的争议点，避免在关键内容的理解上产生分歧，从而提高评审的效率。

（三）同行评审中常见的问题

在同行评审中，若没有明确的评审标准，会导致各成员依据个人偏好进行评价，最终产生意见冲突或不一致的问题。翻译评审必须依据特定的标准，如语言的准确性、文化的适配性和风格的统一性，否则容易降低评审的实际效果。

翻译质量的评审既需要考虑译文是否准确传递了原文的意义，也需要尊重目标语言的表达习惯，然而某些成员倾向于依据个人的语言习惯或偏好提出修改建议，从而影响译文的整体风格和适用性。

评审过程中如果仅从译者或同行的专业角度出发，忽略译文的实际使用场景以及目标读者的需求。对于文化背景差异较大的读者群体，评审成员应特别关注译文是否能被目标受众轻松理解，而不是单纯关注语言形式的转换。

（四）优化同行评审机制的策略

在开展同行评审之前，团队需要建立一套明确的评审标准和流程，包括对语言表达、逻辑结构、术语一致性等方面的具体要求，通过这样的规范化管理能够避免评审过程中出现偏差和分歧。

在某些专业性较强的文本翻译中，引入外部领域专家作为评审成员，可以从行业的实际应用出发，为译文提供更具有针对性的意见，这一方式不仅提高了评审的专业深度也拓宽了团队成员的视野。

在同行评审过程中，可将典型案例作为参考，对高质量的译文或常见问题进行分析，以此提升评审成员对语言问题的敏感性，在评审完成后团队还可以总结评审过程中发现的共性问题，为后续翻译工作提供指导。

（五）同行评审机制对翻译质量的提升

同行评审机制通过多角度的评估和修订，能够有效提升译文的准确性和流畅度，尤其是在翻译难度较大的复杂句或文化内容时，更容易规避理解偏差或表达不当的风险。同行评审是一种团队协作的模式，成员在评审过程中能够相互学习和借鉴彼此的经验，这种互动不仅提升了译文质量也促进了团队翻译能力的整体提升。在实际应用中，同行评审机制能够为翻译行业建立更加规范化的操作标准，并通过总结和分享经验，推动整个行业的质量水平不断提升。

同行评审机制不仅是一种提升翻译质量的有效工具，更是一种培养团队合作精神和推进行业发展的重要方式，在评审中译者的多元化视角和严谨的态度是实现译文高质量的重要保障。

三、机器辅助校对

机器辅助校对是翻译质量控制中的重要工具，随着人工智能和自然语言处理技术的快速发展，其在翻译工作中的应用已愈发广泛，机器辅助校对不仅提高了校对效率，还在一定程度上减少了人为错误的发生。

(一) 机器辅助校对的特点

机器辅助校对能够快速扫描大量文本并发现潜在错误，无论是语法、拼写还是句式逻辑方面的细节问题，都能提供即时反馈；相比人工校对，机器校对的速度具有明显优势，在处理大规模翻译项目时表现尤为突出。[1]

借助预训练语言模型或翻译引擎，机器辅助校对可以有效识别常见语言错误，词义选择不当、句式冗余或主谓一致性问题，对于翻译中常见的语法或拼写错误，机器能够提供精准的改进建议。

随着翻译技术的不断进步，机器辅助校对已经支持多语言环境，尤其在双语或多语对照校对时可以快速发现语言间的逻辑冲突或术语翻译不一致的情况，多语言支持功能提升了翻译质量的全球化适配能力。

(二) 机器辅助校对的优势

相较于传统的人工校对方式，机器辅助校对极大地缩短了校对时间，翻译人员可以在机器校对的基础上进一步优化，提高整体翻译质量的同时减少不必要的重复劳动。机器校对能够根据语料库的丰富性和语言模型的精确性提供可量化的反馈结果，语法错误次数、翻译术语一致性程度等，为后续校对工作提供直观的改进方向。人工校对过程中，往往会因个人语言习惯和偏好而产生主观性错误，机器辅助校对则以语言规则和算法为基础，能够提供更为客观的评价，从而在翻译质量评估中避免个体偏差的干扰。

(三) 机器辅助校对的局限性

尽管机器辅助校对在语法和词汇方面表现优异，但在文化背景、语境适配等需要深入理解的内容上仍显得力不从心，某些含义隐晦或具有文化特殊性的表达，机器无法准确识别其潜在的意义偏差。在面对复杂句式或长句时机器校对无法精确理解句子的语义结构，进而对句子逻辑或翻译风格的评价产生偏差，这种

---

[1] Vanessa Enríquez Raído, Cai Y. Changes in web search query behavior of English-to-Chinese translation trainees[J]. Ampersand, 2023, 11.

局限性尤其体现在文学翻译或创意性文本中。机器辅助校对的有效性依赖于所使用的语言模型和语料库的质量，如果语料库覆盖不够全面或语言模型存在缺陷会导致校对结果不够准确或遗漏部分潜在问题。

（四）机器辅助校对的优化措施

在实际操作中，将机器辅助校对与人工校对相结合，可以弥补机器在语境理解和文化适配方面的不足，人工校对能够在机器校对的基础上进一步分析复杂问题，实现更高水平的译文质量。机器辅助校对的表现与语言模型和语料库的质量直接相关，定期更新这些基础资源能够提升其校对效果，尤其在处理新兴术语或行业专业语言时尤为重要。机器辅助校对能够快速发现基础语言问题，但译文中的某些细微错误仍需人工复核以确保万无一失，对机器校对结果的复核不仅提升了最终译文的可靠性，也能为翻译团队积累更多经验。

（五）机器辅助校对的实际应用

在技术文档的翻译工作中，术语一致性和语言规范性是评价质量的重要标准，机器辅助校对能够快速识别术语使用中的不一致情况，并通过对原文和译文的双语对照，确保技术翻译的准确性和专业性。对于法律和合同类文本的翻译，机器辅助校对能够有效识别语法错误以及特定法律术语的使用偏差，在处理此类文本时机器的高精度校对功能可以显著减少因语言问题导致的潜在法律风险。在文学翻译的初步校对阶段，机器辅助校对可以帮助翻译人员快速识别语法问题或基本语言表达上的疏漏，虽然对于文学风格的把控仍需人工完成，但机器的参与能够为后续深度校对节约大量时间。

（六）机器辅助校对对翻译质量的促进作用

机器辅助校对能够为翻译工作提供更高程度的标准化管理，从而实现术语一致性、语言逻辑清晰以及表达规范化的目标。机器辅助校对作为翻译技术发展的重要组成部分，不仅为译者提供了高效便捷的工具，也在一定程度上推动了翻译行业的现代化进程。在团队合作的翻译项目中，机器辅助校对能够为团队成员提供初步修订建议，简化协作流程并提升整体工作效率。

机器辅助校对以其高效、客观和数据化的特点，为翻译质量控制提供了有力支持，在实际运用中将机器辅助校对与人工分析有机结合，不仅能够显著提升译文质量还为翻译行业带来了更加广阔的发展前景。

四、反馈机制的建立

建立有效的反馈机制是翻译质量控制的关键环节，反馈不仅有助于发现和解决翻译过程中的问题还能为译者提供宝贵的改进建议，从而推动整体翻译水平的提升，反馈机制的作用不仅体现在个体能力的提升上还能在团队协作中发挥重要的质量保障作用。

（一）反馈机制的重要性

在翻译过程中，不可避免会出现语言表达偏差、术语不一致或文化适配不足等问题，通过科学的反馈机制可以系统地收集译文中存在的问题，并提供针对性的修改建议，这种及时的反馈能够显著提高翻译的准确性和可读性。

反馈机制为译者提供了学习和成长的机会，通过对翻译错误的分析，译者能够更加深刻地理解自身的不足，进而优化语言表达能力和跨文化理解能力，这一过程不仅有助于提升个人专业能力也为后续的翻译项目实施打下更坚实的基础。

在翻译团队中，反馈机制能够有效促进成员之间的沟通与协作，通过明确责任分工和反馈意见可以避免重复劳动和信息沟通不畅的问题，同时团队成员可以根据反馈意见协调修改方向，从而提升整体项目的完成效率。

（二）反馈机制的构成要素

反馈机制的有效性依赖于评价标准的清晰与合理。在制定反馈标准时，需要结合目标文本的性质和用途，涵盖语言准确性、文化适配性、风格一致性等多个维度，只有建立统一的标准才能确保反馈的针对性和可操作性。科学的反馈机制需要设计流畅的反馈流程，从问题发现到反馈意见的传递再到修订落实，每个环节都应有明确的责任分工和时间要求，高效的流程能够在保证质量的同时避免拖延，从而提升翻译工作的整体效率。在反馈机制中，可以采用多种形式的反馈工具，文字批注、语音说明以及面对面的讨论等方式均能帮助译者更直观地理解反馈意见，多样化的反馈形式能够满足不同译者的需求，从而实现更全面的质量保障。

（三）反馈机制的实施方法

双向反馈是翻译质量控制中非常重要的一种方式，不仅审校者需要对译者的工作提供意见，译者也可以对审校过程或意见提出自己的看法，这种双向交流能够帮助双方更深入地理解翻译项目的目标和要求，同时减少因意见不一致而造成的误解。

在翻译项目中，可以根据任务的进度分阶段实施反馈，在初稿完成后进行全面的语言和内容审核，在修订稿完成后再重点检查风格和术语一致性，这种分阶段的反馈策略能够确保每个阶段的重点问题都得到有效解决，从而保证最终译文的高质量。

借助翻译管理软件和机器辅助工具，可以记录和分析翻译过程中常见的错误类型和频率，这些数据可以作为反馈机制的基础，通过针对性的分析制定更精准的改进策略，基于数据的反馈优化不仅提升了反馈效率还能为长期质量改进提供参考。

（四）反馈机制在实际翻译中的应用

在翻译教学中，反馈机制可以为学生提供具体的改进方向，教师可以根据学生的译文错误总结共性问题，并提供案例分析和改进建议，通过反馈学生能够更加直观地认识到翻译过程中的难点并掌握应对方法。

在商业翻译项目中，反馈机制是确保客户满意度的重要手段，项目完成后客户可以对译文提出修改意见，并通过反馈机制与译者进行沟通，这种方式不仅能够满足客户需求，还能够帮助译者更好地理解目标市场的语言习惯和文化特点。

文学翻译涉及语言风格和文化表达的高度复杂性，反馈机制在其中发挥了不可替代的作用。编辑或审校人员可以通过反馈机制与译者共同探讨文本风格的适配性，确保最终译文能够忠实传达原作的艺术魅力和文化内涵。

(五) 反馈机制的改进方向

随着技术手段的进步，可以借助在线协作平台实现实时反馈，这种即时互动不仅能够减少沟通成本，还能够帮助译者更快地理解和解决问题。将反馈结果定期总结成报告，不仅能够为译者提供系统性的改进建议，还能够为翻译团队优化工作流程提供数据支持，通过持续的总结和反思，反馈机制的效果将更加显著。有效的反馈机制离不开专业反馈者的支持，对反馈者进行专业培训，帮助其掌握语言学、文化学和审校技巧不仅能够提升反馈质量，还能够为翻译质量控制提供更多保障。

反馈机制作为翻译质量控制的重要组成部分，其作用贯穿于翻译工作的各个环节，通过科学设计和有效实施，反馈机制能够显著提高翻译的准确性和适配性，为翻译行业的可持续发展提供坚实保障。

第四节 提高翻译水平的策略

一、语言能力的提升

语言能力是翻译的核心基础，其水平直接决定了译文的准确性和流畅度，提升语言能力不仅包括对语言本身的深入掌握还需要对其文化背景、表达风格以及实际运用的熟练程度进行全面提升。

(一) 词汇积累的丰富与优化

翻译工作中，丰富的词汇积累是表达多样性和准确性的基础，仅仅掌握词语的基本含义并不足够，还需要理解其在上下文中的搭配习惯和具体运用，通过广泛阅读文学作品、新闻报道及专业文献，译者可以逐步积累更多的高频词汇和专业术语，同时掌握其语境使用特点。

英语中大量存在同义词和近义词，选择不当造成译文语义的不准确或风格的不适配。动词"see"与"observe"虽然都有"看"的含义，但后者强调的是观察的深度和意图，译者需要通过反复对比和实践，准确把握这些词汇的细微差异，从而使译文更贴切表达原意。

在专利翻译、医学翻译或法律翻译等领域，专业术语的正确使用至关重要，译者应主动收集并熟悉相关领域的常见术语，可以通过查阅双语词典、行业术语表或学习相关教材来提升术语使用能力。

（二）语法知识的夯实与灵活运用

掌握语法不仅是为了确保译文的准确性，还能够帮助译者更高效地分析和理解原文，在翻译过程中译者需要特别注意句子的主谓一致、从句结构以及修饰语的位置变化等，熟练掌握语法规则后译者可以在复杂句子处理时更加游刃有余。

翻译中常常遇到结构复杂或语法嵌套的句子，译者需要具备将这些句子分解成简单部分再进行重组的能力，将长句中的定语从句单独提取出来翻译，再整合成完整的表达，这种技能需要对语法的灵活运用和语篇的整体理解相结合。

每种语言在语法上都有其独特的表达习惯，中文偏向于简洁、直接的结构，而英语常常通过使用从句和修饰语表现复杂的逻辑关系。译者需要在翻译过程中调整语法结构，使其更符合目标语言的表达习惯，从而增强译文的自然性和流畅度。

（三）文化背景知识的积累

语言作为文化的载体，承载着丰富的历史、社会和价值观信息，翻译不仅仅是语言的转换，还需要对文化语境有深入理解。如习语"kick the bucket"如果直译为"踢桶"，将无法准确表达其"去世"的文化含义，译者需要通过学习文化背景，将语言背后的深层含意传递到目标语言中。

在不同文化中，一些词语或表达方式因为习俗差异而显得冒犯或不适，在翻译广告或公关文案时译者需要特别注意文化禁忌，避免因语言失误导致不必要的误解或争议。

翻译的最终目的是实现不同文化间的有效沟通，译者需要具备跨文化的敏感性，能够在不同语言间建立文化桥梁，通过参与跨文化的讨论、观察实际沟通中的语言使用习惯，进一步提升跨文化理解能力。

（四）语言应用能力的实践与强化

理论学习需要与实际应用相结合，译者可以通过模拟真实场景，如会议记录翻译、合同翻译或字幕翻译等任务，不断锻炼语言的实际应用能力，这种实践方式能够帮助译者更快地掌握翻译技巧，提升语言反应速度。

通过翻译不同类型的文本，新闻、文学作品或技术文档，译者能够接触到不同风格和难度的语言材料，丰富的练习材料不仅有助于提升语言能力还能拓宽译者的视野，使其更加从容应对复杂的翻译任务。

翻译完成后，对译文进行回顾和反思是提升语言能力的重要途径，译者可以通过与原文的对比或请教专业人士的建议，发现自己在用词、语法或逻辑上的不足并针对性地改进，这种总结与反思能够帮助译者不断提升翻译水平。

（五）语言能力提升中的注意事项

语言规则虽然是翻译的基础，但在具体运用时必须根据语境灵活调整，如果一味机械地遵循语法和词汇规则，会导致译文失去自然性和逻辑性，译者需要在规则与创意之间找到平衡点，从而使译文既准确又生动。单纯的语言能力无法完全满足高质量翻译的要求，文化能力同样不可忽视，译者需要结合语言与文化的双重理解，从而在翻译中展现更全面的表达能力。提升语言能力是一个长期积累的过程，译者需要为自己设定阶段性目标，每天学习一定数量的新词汇或定期阅读专业文献，并通过实际操作不断检验自己的进步。

通过丰富的语言积累、扎实的语法知识、深厚的文化背景以及多样化的实践训练，译者能够在语言能力的提升上取得显著进步，这一过程不仅是翻译水平提高的关键环节，也是为未来翻译工作奠定坚实基础的重要途径。

二、跨文化交际能力的培养

跨文化交际能力是翻译过程中不可或缺的重要技能，直接影响着译文在目标语言文化中的接受程度，培养这种能力需要在语言与文化交融的基础上，全面提升理解、适应和传达不同文化的能力。

（一）文化差异的理解与尊重

在翻译过程中，不同语言背后所承载的文化差异常常影响译文的精准性与适应性，译者需要通过系统学习各国历史、社会习俗以及价值观念，掌握文化层面的隐含意义。一些英语谚语或成语不仅表达表面意思，还隐含了特定历史事件或文化典故，这些都需要译者充分理解后准确传达。

在涉及文化禁忌和敏感话题的翻译时，译者需要格外谨慎，避免因翻译不当而引发误解或冒犯，宗教、政治或传统习俗相关的表达需要确保对文化背景的准确把握，译者需培养对文化敏感性的洞察力，从而在翻译中做到尊重与适应目标文化。

语言差异只是跨文化交流中的表面问题，更深层次的障碍往往源自文化思维模式的不同，西方语言偏向直接表达，而东方语言更加注重含蓄与间接，译者在翻译中需要平衡这种思维模式的差异，才能达到更好的沟通效果。

（二）跨文化适应能力的提升

翻译不仅是语言的转换，更需要在文化层面进行适配，译者需要熟悉目标语言中常用的表达方式，并将原文内容自然地融入目标文化的语境中，在商业翻译中，应注重目标语言中的礼貌用语和规范化表达，以满足文化预期。

面对全球化背景下的多文化交流，译者需要具备跨文化适应能力，培养这一能力需要译者通过真实的语言交际场景，不断积累与不同文化背景人士沟通的经验，从而在翻译中更好地处理文化之间的差异。

真实翻译案例能够有效帮助译者理解不同文化之间的差异及其表现形式，译者可以收集并分析经典翻译错误的案例，剖析其中的文化因素，从而总结适用于跨文化翻译的有效策略。

（三）文化共性的提炼与表达

在跨文化翻译中，文化共性是消除文化壁垒的重要工具，译者需要在原文和目标文化中寻找共有的价值观念或表达习惯，并通过这种共性桥接两种文化。在翻译文学作品时，可以通过传达人物情感和故事情节的普遍性来产生文化的共鸣。

过度强调文化差异会导致译文难以被目标读者接受，因此译者需要在传达原文文化特色的同时，确保目标语言读者能够理解并认同译文。对于带有浓厚地方特色的表达，可通过适度添加注释或转换成易于接受的文化符号来实现这一目标。

翻译是跨文化沟通的重要桥梁，译者在构建这一桥梁时，需要充分考虑两种文化之间的语义差异、思维模式以及接受习惯，在实际操作中译者应以中立客观的态度调和文化之间的冲突，从而达到流畅有效的文化传递。

（四）实践与反思的结合

译者可以通过参与跨文化交流活动，国际会议、文化交流项目或多语言环境的实际工作，提升在多文化语境下的表达与适应能力，这种实践不仅有助于丰富文化知识，还能提升语言的灵活应用能力。译者需要在完成翻译任务后，回顾与分析自己在文化层面的翻译策略是否达到预期效果，通过对成功案例的总结与失误的反思可以进一步完善自身的跨文化交际能力。交流是提升跨文化能力的重要途径，译者可以与多元文化背景的翻译同行或语言专家进行互动，吸收不同的文化视角，从而在翻译中游刃有余。

（五）培养跨文化交际能力的注意事项

翻译中对文化差异的处理需要建立在科学的认知基础上，避免因主观臆断而造成文化误解或偏见，一些文化符号具有多重意义，译者需要全面分析后再进行适配。随着社会发展和全球化进程的加快，文化也在不断变化，译者在翻译过程中需要关注文化背景的动态特性，及时调整翻译策略以适应当下的文化语境。在跨文化翻译中，若对文化意图理解不准确，会导致译文出现偏差或失真，译者应确保在处理文化差异时，既能传递原文的核心信息又能在目标语言文化中实现最佳呈现效果。

通过对文化差异的理解、适应和共性提炼，译者能够在翻译实践中逐步构建起优秀的跨文化交际能力，这不仅是高质量翻译的关键，也是促进不同文化间有效沟通的重要保障。

三、翻译工具的熟练使用

翻译工具的使用已成为现代翻译中不可或缺的一部分，通过正确、高效地使用这些工具不仅能够提升翻译效率，还可以有效保障翻译质量。译者需要对工具的功能特点有深刻理解，并能根据实际需求选择适合的工具，以达到更高的翻译水平。

（一）翻译工具的种类与特点

1. 计算机辅助翻译工具（CAT）的功能与应用

CAT工具是当前翻译行业最为普遍使用的辅助工具之一，其包含翻译记忆库、术语管理系统以及自动校对功能。翻译记忆库能够记录和储存译文与原文的对应关系，在后续翻译中实现重复内容的自动匹配，从而减少重复劳动。术语管理系统则用于确保专业术语的统一与规范，尤其适用于技术文档或法律文本的翻译；自动校对功能则有助于快速发现错译、遗漏及格式错误。

2. 机器翻译工具的辅助作用

机器翻译工具，如Google翻译或DeepL等，在处理日常用语或非专业文本时，能够提供高效、快速的参考译文，但是机器翻译在语境理解和文化适配上存在一定局限性，译者需要对机器生成的译文进行严格的审校与修改，以确保语言准确性与文化适配性。

3. 术语管理软件的特点与作用

在翻译过程中，术语一致性对专业领域文档尤为重要，术语管理软件通过构建术语数据库，帮助译者快速查询标准术语及其定义，从而提升翻译质量。尤其是在医药、工程等领域，术语错误会导致严重后果，因此需要充分利用术语管理工具来保证译文的专业性。

（二）翻译工具的使用技巧

单一翻译工具往往无法完全满足复杂翻译需求，译者需要结合多种工具的特点进行配合使用。在翻译项目中，可以同时使用CAT工具进行文档处理、术语管理软件进行术语统一，以及机器翻译工具提供参考，多工具结合的方式能够充分发挥各类工具的优势，提高整体效率。翻译记忆库与术语库的质量直接决定了工具的有效性，译者需要定期对存储的内容进行更新与审查，确保数据的准确性与时效性。添加最新的术语条目或优化翻译记忆库中存在的不规范内容，有助于进一步提升翻译的准确性与一致性。每个翻译项目的要求各不相同，译者需要根据具体项目调整工具的参数设置，可以根据目标语言的风格要求调整自动校对规则或翻译记忆的匹配度阈值，通过合理设置工具参数，能够更好地满足客户的个性化需求。

（三）翻译工具使用中的注意事项

1. 避免对翻译工具的过度依赖

尽管翻译工具能够显著提升效率，但过度依赖会导致译文缺乏语言的灵活性和文化适配性。译者需要将工具视为辅助，而不是替代自身能力的手段，在面对复杂语境或文化负载较重的文本时，人工判断和创造性表达尤为重要。

2. 确保翻译内容的隐私与安全

在使用云端翻译工具时，需要特别关注数据安全问题，译者应避免直接上传涉及敏感信息的文档，或者在上传前对相关内容进行脱敏处理，选择具有数据加密功能的工具也是保障信息安全的重要措施。

3. 了解工具的局限性并进行人工校对

翻译工具在语言理解与表达上的局限性会导致错误或不准确的译文，机器翻译忽略语境，CAT工具会产生重复错误。译者在使用工具完成初步翻译后，应对译文进行全面的人工审校，以确保内容的准确性与流畅性。

(四) 提升翻译工具使用能力的方法

为了熟练掌握翻译工具的操作方法，译者可以参加相关的技能培训课程或工作坊，通过系统学习不仅能够了解工具的基本功能，还能够掌握工具高级功能的使用技巧，从而更高效地完成翻译任务。实践是熟悉工具的最佳途径，在翻译实际项目中不断积累经验可以帮助译者更好地理解工具的应用场景与操作流程，通过参与大规模翻译项目，能够更加熟练地使用翻译记忆库和术语管理功能。与其他译者分享工具使用心得是提高技能的重要途径，通过交流可以学习到一些高效的使用技巧或者解决问题的方法，从而在实际操作中事半功倍。

(五) 翻译工具未来发展的趋势

随着人工智能技术的发展，翻译工具将变得更加智能化与定制化，通过自然语言处理技术的进一步发展，机器翻译将能够更准确地理解语境并提供更符合逻辑的译文。未来的翻译工具会更加注重团队协作功能，通过云端平台实现译者之间的数据共享与实时协作，这种功能将显著提升翻译团队的工作效率，同时也便于统一术语和格式。随着全球化的进一步深化，翻译工具将与行业标准深度整合，法律文件、技术文档等专业领域的翻译工具会直接嵌入行业标准模板或参考文献库，从而进一步优化翻译流程。

通过熟练使用翻译工具，译者可以在提升效率的同时保证译文质量，但工具的使用必须与译者自身的语言能力相结合，只有在两者协同作用下才能在翻译实践中取得最佳效果。

四、翻译经验的积累与总结

翻译经验的积累与总结是提升翻译水平的关键环节，也是从初学者迈向专业译者的重要路径，通过在翻译实践中不断总结经验、汲取教训，译者能够不断提升自身的翻译能力并在实际工作中更为得心应手①。

（一）翻译实践中的经验积累

不同领域和类型的翻译任务对译者提出的要求各不相同，法律文书、医学报告和文学作品等在用词、句法和风格上具有显著差异，通过参与多领域的翻译项目，译者不仅可以拓宽专业知识的广度，还能够提高适应不同文本类型的能力，在接触多样化任务时译者需要特别注意相关领域的术语规范和表达方式的文化差异。

翻译过程中遇到的疑难问题往往蕴含着深刻的学习价值，译者可以通过记录难点案例以及解决方案，为后续翻译积累经验，可以记录某些复杂句式的翻译方法或文化背景对翻译表达的影响，从而在相似情境中更高效地完成任务。

客户的意见和同行的评审建议可以直接反映译文的优劣并指出改进方向，译者应将客户的反馈和同行的评语视为提升能力的重要资源，及时修正翻译中的问题并优化自己的翻译策略，对于反复出现的问题，译者可以归纳出典型错误类型并制定相应的改进方法。

（二）翻译经验总结的方法

将完成的翻译任务分类整理成案例库，是总结翻译经验的有效方法，案例库可以包含原文、译文以及翻译中遇到的挑战和处理思路，通过定期复盘案例库中的内容，译者能够更加清晰地认识到自身的优势与不足，从而不断优化翻译质量。翻译学习笔记是对翻译实践和理论知识的提炼和总结，可以记录翻译过程中学习到的语言表达技巧、文化背景知识以及常用工具的操作方法，通过撰写心得体会译者能够将实践与理论相结合，逐渐形成个人的翻译体系。定期回顾翻译成果有助于观察自身的成长轨迹，并从中发现翻译能力提升的规律，通过对比早期作品与近期作品的质量差异，可以更直观地了解哪些方面得到了改进，哪些方面仍需继续努力。

---

① Baek H, Tae J, Lee Y, et al. Effects of Native Translation Frequency and L2 Proficiency on L2 word Recognition: Evidence from Korean Speakers of English as a Foreign Language[J]. Journal of Psycholinguistic Research, 2022:1-18.

（三）翻译经验积累的注意事项

翻译经验的积累并非单纯追求完成任务的数量，而是注重在每个任务中提升质量。与其大量翻译低质量的文本，不如专注于认真对待每一次翻译，确保在每次实践中都有所收获，通过精益求精的态度，不断提高对翻译细节的敏感性和掌控力。

长期专注于某一领域的翻译虽然有助于提升该领域的专业性，但也会导致译者思维的局限性。为了提升综合能力，译者应尝试涉猎不同领域和文本类型，在更广泛的实践中锻炼语言与文化适应能力。

在翻译过程中，译者需要始终关注原文的文化背景与语境，而不能一味地追求表面文字的准确性，积累经验时译者需要特别关注在不同文化之间的语言转换中，如何在忠实原文的同时实现意义的传达与再现。

（四）翻译经验积累的长期目标

随着经验的不断积累，译者逐渐形成个人的翻译风格，翻译风格的塑造并非追求过于个人化的表达，而是体现在语言的规范性、表达的准确性和风格的一致性上，通过长期的实践和总结译者可以在满足客户需求的同时，展现出独特的专业水准。翻译场景的多样性决定了译者需要具备灵活应对的能力，无论是应对学术文章的正式表达，还是处理文学作品的情感传达，译者都需要迅速切换语言风格并保持高水平的翻译质量，积累经验的最终目标之一是实现对不同翻译场景的游刃有余。在实践中效率与质量之间的平衡是译者必须解决的重要问题，在积累经验的过程中，译者应总结如何在保证质量的前提下，提高翻译的速度，通过高效利用翻译工具、优化工作流程等方式，使得翻译实践更加高效。

（五）如何提升经验总结的成效

翻译研讨活动是译者分享经验与吸收新知的重要平台，在研讨活动中不仅可以学习其他译者的成功经验，还能够通过讨论解决翻译实践中遇到的具体问题，从而进一步完善自己的经验总结。阅读经典译作能够提供丰富的参考经验，译者可以通过对比经典译文与原文，分析其中的翻译策略与技巧，从而为自己的翻译积累更多灵感与方法。随着翻译技术的发展，译者可以利用翻译工具中的统计与分析功能，对翻译项目进行系统化的总结。统计常用词汇与句式的使用频率，分析翻译记忆库中的重复问题，从而为后续翻译积累更多有效数据。

翻译经验的积累与总结是一个持续的过程，只有通过不断实践和反思才能将理论知识与翻译技巧融会贯通。译者不仅需要在广泛的翻译项目中积累经验，还应重视总结规律、提炼精华，从而逐步迈向专业化与高水平的翻译道路。

第五章　现代科技与英语翻译

第一节　机器翻译的现状与发展

一、机器翻译的定义与类型

（一）机器翻译的定义

机器翻译是指利用计算机程序对自然语言进行自动翻译的技术，旨在实现源语言与目标语言之间的准确转换，其核心是通过语言模型、语料库和算法对文本进行语义分析和生成，从而完成语言间的转换过程，这种技术作为人工智能的重要分支，与自然语言处理、语音识别等领域密切相关，广泛应用于跨文化交流、国际贸易和教育等领域。

（二）机器翻译的主要类型

1. 基于规则的机器翻译（RBMT）

这种类型的机器翻译依靠语言学家手工编写的语法规则、词汇和语法结构，构建源语言与目标语言之间的转换关系，其特点在于注重语言的逻辑性和结构性，但对语料库的依赖性较低，然而由于语言规则复杂多变，该方法的翻译质量在面对复杂文本时有所下降。

2. 基于统计的机器翻译（SMT）

基于统计的机器翻译通过大量双语语料库进行统计分析，计算源语言与目标语言之间的概率分布，其优势在于对海量数据的利用能够捕捉语言的实际使用规律，但当语料库不足或质量不高时会导致语义模糊或翻译错误。

3. 基于神经网络的机器翻译（NMT）

随着深度学习技术的发展，基于神经网络的机器翻译已成为当前的主流，该方法利用循环神经网络（RNN）、注意力机制（Attention）等技术，能够更好地理解上下文和长距离依赖关系，从而实现更自然流畅的翻译效果。

4. 混合机器翻译（HMT）

混合机器翻译结合了基于规则和基于统计的优点，同时通过机器学习优化翻译模型，这种方法能够在一定程度上弥补单一模型的局限性，但其系统复杂性较高，实际应用时需要更强的技术支持。

（三）主要类型的对比

表 5-1 列出了主要机器翻译类型的特点和适用场景，以便更直观地理解不同技术的应用范围和效果。

表 5-1　机器翻译历史发展阶段及其技术特点

类型	优点	缺点	适用场景
基于规则的机器翻译（RBMT）	语言逻辑性强，适合语法结构明确的文本	面对复杂句式时效果下降，维护成本较高	技术文档、法律文本
基于统计的机器翻译（SMT）	利用大量语料库，适应语言实际使用规律	语料库质量决定翻译质量，易产生语义错误	常见语言语料的大规模翻译
基于神经网络的机器翻译（NMT）	翻译流畅自然，适应上下文和长距离依赖	训练成本高，需海量高质量语料	日常交流、文学作品
混合机器翻译（HMT）	综合优势，提升翻译质量	系统复杂性高，开发与维护成本较高	专业领域文本的定制翻译

（四）机器翻译定义与类型的未来发展

随着自然语言处理技术的进步，未来的机器翻译会进一步融合多种翻译模型的优势，形成更高效、更准确的混合系统，尤其是在深度学习与语义理解技术的驱动下，神经网络模型的语义捕捉能力将进一步提升，使得翻译结果更加符合目标语言的语境。

全球化背景下，语言资源的共享与开放将为机器翻译的发展提供更加丰富的数据支持，国际组织和大型企业会建立开放的多语种语料库平台，推动机器翻译在小语种领域的应用。

未来的翻译系统将更加注重人工与机器的结合，即利用机器完成初步翻译，而由人工校正并优化结果，这种协作模式不仅能够提高效率还能够保障翻译质量，尤其在高精度要求的场景中发挥重要作用。

随着机器翻译技术的成熟，未来的翻译系统将更加注重领域化与个性化，通过为特定行业定制翻译模型可以满足不同领域的特殊需求；通过用户偏好设置，系统可以逐步优化翻译风格和用词习惯。

机器翻译作为现代翻译的重要组成部分，正不断推动翻译行业的变革与发展。在实际应用中，译者需要充分理解机器翻译的定义与类型并结合具体任务选择适合的翻译工具和技术，以实现高效、准确的翻译目标。

二、机器翻译的历史发展

（一）机器翻译的起源与早期探索

机器翻译的历史可以追溯到20世纪中期，最早的研究起源于第二次世界大战结束后的冷战时期，彼时由于语言障碍导致信息获取困难，特别是在军事情报和外交沟通中，推动了对自动翻译技术的需求。1949年，沃伦·韦弗提出了关于机器翻译的著名备忘录，首次将信息论的概念引入翻译领域，开创了这一跨学科领域的研究方向。随后美国和苏联等国家纷纷投入资源开展机器翻译的早期实验，乔治城大学与IBM公司在1954年合作完成的乔治城实验标志着机器翻译研究进入实际应用阶段。

这一阶段的翻译系统大多基于规则的方法，主要依赖预先编写的语法规则和词汇对照表。虽然这种方法在理论上具备逻辑性，但语言复杂性导致系统难以全面覆盖多样化的语言结构和语义层次，翻译结果普遍受到局限，仅适用于特定领域或高度受限的语境。

（二）基于规则的机器翻译时代

20世纪50年代至70年代是基于规则的机器翻译的主要发展时期，在这一阶段，研究者尝试通过语言学理论构建语法规则和词汇语义数据库，以实现多语言间的自动转换，最典型的代表包括基于中间语言的系统和基于直接转换的系统。基于中间语言的系统通过设计一种中立的语言结构，将源语言翻译为中间语言，再从中间语言翻译为目标语言，这种方法旨在提高翻译的普适性，然而由于中间语言的设计需要对多种语言体系进行高度抽象，其实际应用面临极大的难度。

在实践层面，基于规则的翻译系统的成功多局限于术语相对固定、句式较为单一的领域，技术文档翻译和标准化文本翻译，然而这种方法对于自然语言的多义性、上下文依赖和文化因素的处理能力有限，逐渐暴露出诸多不足，在翻译文学作品或新闻报道时系统对隐喻和文化特定表达的理解能力极为不足，导致翻译效果缺乏流畅性和语义准确性。

（三）基于统计的机器翻译的兴起

20世纪80年代末到90年代初，随着计算能力的提升和大规模双语语料库的积累，基于统计的机器翻译（Statistical Machine Translation，SMT）逐渐兴起，这种方法不同于传统的基于规则的方法，主要通过分析大规模双语语料库中的翻译对，利用概率模型实现语言转换。IBM公司在1990年提出的基于统计的翻译模型奠定了这一方法的理论基础，该模型以词对齐为核心，通过计算源语言和目标语言间的统计相关性来生成翻译结果。

基于统计的翻译方法解决了规则翻译中难以覆盖多样化语言现象的问题，其最大的优点在于能够通过语料库自动学习翻译规则而无须手动定义，然而这种方法的局限性也显而易见。语料库的质量和规模直接决定了翻译的效果，如果语料库中的语言样本不足或偏离实际应用领域，翻译质量将显著下降，统计方法对句法和语义的深层理解能力有限，对于长句和复杂句的翻译准确性较低。

（四）基于神经网络的机器翻译革命

进入21世纪后，人工智能技术的迅猛发展推动了机器翻译技术进入基于神经网络的阶段。2014年，谷歌研究团队提出了基于循环神经网络（Recurrent Neural Network，RNN）的神经机器翻译（Neural Machine Translation，NMT）模型，这一模型通过端到端的学习方法，结合深度学习技术实现了翻译效果的显著提升。

与传统的统计翻译相比，神经机器翻译不仅能够处理更长的上下文，还能够在语义层面捕捉语言间的深层关系，谷歌翻译在2016年引入神经机器翻译模型后，其翻译效果在流畅性和准确性方面得到了大幅改进。基于神经网络的方法还能够结合注意力机制，显著提升对复杂语言结构的处理能力，使翻译结果更具自然性和连贯性。

尽管神经网络翻译技术在多个方面取得了突破，其局限性仍不容忽视，神经机器翻译对高质量双语语料库的依赖程度更高，同时在处理低资源语言时面临显著瓶颈，神经翻译模型的"黑箱"特性使得译文错误难以溯源，这为需要高可靠性的场景带来了新的挑战。

（五）当前发展趋势与未来方向

机器翻译发展阶段与特点对比见表5-2。

表5-2 机器翻译发展阶段与特点对比

阶段	时间范围	技术特点	主要局限性	典型应用
规则翻译阶段	1950—1970	基于预定义的语言规则和语法，使用词汇对照表进行翻译，语法结构明确	无法处理复杂语法和多义词，覆盖范围有限，对上下文理解不足	技术文档和特定领域的标准化文本翻译

续表

阶段	时间范围	技术特点	主要局限性	典型应用
统计翻译阶段	1980—2010	基于概率模型分析双语语料库，采用词对齐技术，实现数据驱动的翻译	依赖语料库质量，无法处理深层语义，翻译长句和复杂句时效果不佳	网站内容翻译、新闻翻译
神经翻译阶段	2014年至今	基于神经网络模型和深度学习技术，结合注意力机制，能更好处理上下文和复杂句，生成自然流畅的译文	对高质量语料库依赖性强，"黑箱"特性导致错误溯源困难，低资源语言翻译效果有限	实时语音翻译、用户个性化翻译
当前及未来发展阶段	未来数十年	多模态翻译结合图像、语音等信息，跨领域翻译适配更多专业场景，个性化翻译满足用户需求，模型进一步优化和智能化	技术开发和实现成本高，低资源语言仍有瓶颈，多模态翻译中的信息融合方法尚需完善	高端商务翻译、法律文件翻译、教育与科研领域

近年来，机器翻译正逐步朝多模态、跨领域和个性化定制的方向发展，多模态翻译尝试结合图像、语音等非文本信息，进一步提升翻译的准确性和丰富性；跨领域翻译则致力于通过通用模型适配更多专业领域和语境；个性化翻译则结合用户的语言习惯和文化背景，提供更符合个体需求的译文。

未来，机器翻译的发展还将依赖于人工智能技术的进一步突破，通过大模型的扩展实现更加智能的上下文理解以及通过跨语言的知识迁移解决低资源语言的翻译问题。同时人机协作的模式也将成为趋势，人工翻译与机器翻译结合的方式不仅能够提升翻译效率，还能够弥补机器翻译在创意性和文化适配性方面的不足。

机器翻译的历史发展过程见证了技术从简单的规则设计到复杂的深度学习的飞跃，从最初的规则翻译到统计模型再到神经网络，技术的迭代不仅提升了翻译的质量与效率还拓展了其应用领域。虽然当前的神经机器翻译技术在许多方面表现优异，但挑战依然存在，未来的研究和应用需要在多模态融合、跨领域适应和用户个性化需求之间找到平衡点以进一步推动翻译行业的革新与进步。

三、机器翻译的优势与局限

（一）机器翻译的主要优势

现代社会的信息量日益增多，机器翻译在处理海量文本方面展现出独特的效率优势。与人工翻译相比，机器翻译系统能够在极短时间内完成大量内容的翻译任务，特别是在新闻报道、社交媒体信息和技术文档等需要快速翻译的场景中。某些大型科技公司使用机器翻译系统，可以在数小时内翻译数十万字的文档，而人工翻译可能需要耗费数周。

机器翻译系统通常涵盖多种语言的翻译功能，可为用户提供跨语言沟通的便利，这种多语言支持不仅提升了国际商务和文化交流的效率，还为低资源语言的用户提供了更多语言服务的机会，尤其是在旅游、电子商务等跨国领域，机器翻译的多语言支持极大地提高了信息传递效率。

在某些大规模项目中，人工翻译的成本可能非常高昂，而机器翻译则显得更为经济，尤其是在非正式场合或不需要高精度的情况下机器翻译为企业和个人提供了低成本的翻译选择，即便在需要人工审校的专业翻译中机器翻译的初步翻译也能显著减少人工投入时间。

随着神经机器翻译（NMT）技术的不断优化，机器翻译的效果逐步接近人工翻译的水平，通过大规模语料库训练和人工智能技术的支持，翻译系统能够不断学习和改进，其准确性和流畅性也在持续提升，未来随着深度学习技术的进一步发展，机器翻译的质量和适用范围将得到进一步扩展。

（二）机器翻译的局限性分析

机器翻译系统的最大挑战之一在于其对语境的理解能力较弱，由于无法准确捕捉隐含意义，机器翻译可能在复杂语境下提供不准确或脱离实际的翻译结果，双关语或文化隐喻的翻译往往需要结合背景知识，而机器翻译在处理此类内容时常常力不从心。

翻译不仅是语言之间的转换,更涉及文化的对接,由于机器翻译对文化背景缺乏深入理解,可能会出现不符合目标语言文化习惯的表达。如"break a leg"是一种祝福语,表示"祝你好运",但直接翻译为"摔断腿"则会产生明显的误解。

在医学、法律、金融等领域,专业术语的翻译需要极高的准确性,然而机器翻译对这些领域的专业术语常常缺乏准确的理解,容易导致术语误译或使用不当。例如,"compound interest"在金融领域表示"复利",而机器翻译可能误译为"复合兴趣",造成专业性下降。

文学作品、广告文案等需要创造性表达的文本对机器翻译提出了极大的挑战,由于机器翻译难以领会原文的情感和风格,其译文往往显得生硬,缺乏感染力,一首优美的诗歌不仅需要传达意义,还需要体现节奏感和韵律,这超出了当前机器翻译的能力范围。

机器翻译的优势与局限性对此见表 5-3。

表 5-3 机器翻译的优势与局限性对比

方面	优势	局限性
效率	能快速处理大量文本,满足高效翻译需求	在处理复杂句式和长文本时,可能出现翻译质量下降的情况
成本	相比人工翻译,成本更低,适用于预算有限的项目	需要投入大量资源进行系统开发和维护,初期成本较高
语言支持	支持多种语言之间的互译,促进跨语言交流	对于低资源语言,翻译质量可能较低,支持程度有限
质量	随着技术发展,翻译质量不断提升,适用于一般性文本	在处理需要深度语境理解、文化背景和专业术语的文本时,翻译质量可能不尽如人意
灵活性	可根据需求调整翻译参数,适应不同场景	缺乏创造性和灵活性,难以处理文学作品等需要情感表达的文本
持续改进	通过学习新的语料和优化算法,翻译质量可持续提升	受限于训练数据的质量和数量,改进速度可能受到影响

(三) 机器翻译的适用场景

在日常生活中，机器翻译已成为用户获取外文信息的重要工具，用户可以通过在线翻译工具阅读外文新闻、邮件或社交媒体内容，从而快速了解全球动态，尽管在翻译质量上仍有改进空间，但其高效便捷的特点为语言学习者和普通用户提供了极大的便利。

尽管机器翻译无法完全替代人工翻译，但它在专业翻译中的辅助作用日益显著，通过生成初步译文，机器翻译可以帮助专业译者节省大量时间，提高工作效率，对于大批量、重复性强的文本翻译任务，机器翻译的表现尤为突出。

电子商务的快速发展带来了跨境交易的需求。机器翻译可用于产品描述、客户评论和订单信息的翻译，从而提高商家和消费者的沟通效率。跨国电商平台通过机器翻译为用户提供多语言支持，极大地促进了国际市场的繁荣。

(四) 未来发展趋势与展望

未来，机器翻译将更多地结合深度学习技术，以提升对语境的理解能力，通过加强自然语言处理能力，翻译系统将更好地捕捉句子间的逻辑关系，从而生成更符合语境的译文。

针对不同领域的专业需求，开发专用的机器翻译系统是未来的重要方向，医学翻译系统可针对医学术语和文献优化翻译模型，提升专业领域的翻译质量。

未来的翻译模式将更加注重人机协作，通过结合机器翻译的效率和人工翻译的创造力，达到效率与质量的平衡，这种协作模式不仅适用于一般性文本还能在文学、法律等复杂领域发挥重要作用。

机器翻译在效率、成本和多语言支持等方面展现了巨大的优势，但在语境理解、文化背景适应和专业术语处理上仍需进一步突破，结合深度学习、领域优化和人机协作，机器翻译的未来发展充满潜力，有望在更广泛的场景中提供高质量的语言服务。

四、机器翻译在实际中的应用

（一）新闻和公共信息传播中的应用

机器翻译在新闻报道中承担着重要角色，特别是在国际事件和突发新闻的跨国传播中，能够快速完成多语种翻译并实现同步更新。对于实时性要求较高的新闻报道，机器翻译可以帮助媒体快速覆盖多个语种地区，并为公众提供及时的信息服务，其翻译速度的优势使其成为各大国际新闻机构的技术支撑。

在政府和国际组织的跨文化沟通中，机器翻译被广泛用于公共政策文件的多语种发布。借助机器翻译技术，相关公告可以快速从一种语言翻译为多种语言，以适应不同语言背景的受众需求，特别是在国际协作或全球紧急事件中，这种高效的翻译能力能显著提升信息传播的广度和速度。

（二）电子商务领域的跨语言支持

跨境电子商务的繁荣为机器翻译提供了广阔的应用场景，尤其是在商品描述和用户评论的多语种翻译中表现突出，通过使用机器翻译，商家能够更轻松地面向全球消费者展示产品信息，而消费者也能够通过翻译功能理解不同语言的商品详情，从而促进国际贸易的流通。

在电商平台中，跨语言客服已经成为一种重要服务模式，机器翻译在这一环节的应用能够显著提升服务效率，无论是处理文本形式的用户提问，还是协助解决订单纠纷，机器翻译系统都可以为客户服务团队提供多语言支持，以便应对来自不同语言背景客户的需求。

（三）教育和语言学习中的应用

机器翻译的普及推动了教育领域学术资源的共享与传播，国际学术论文、教材和研究报告可以通过翻译技术实现跨语言的传播，帮助学生和研究者更快捷地获取国际前沿知识，打破语言障碍对教育资源流通的限制。在语言学习中，机器翻译作为一种辅助工具，能够帮助学习者更便捷地理解外语文本并进行语言比较。学习者可以借助翻译软件实时查看句子结构与词汇的对比情况，从而有效提升语言学习的效率，尤其适用于自学模式的学习者。

（四）医疗和法律领域的翻译支持

在多语言环境下，机器翻译为医疗机构提供了便捷的翻译服务，用于患者与医护人员的跨语言沟通，通过翻译软件，患者能够将自身的健康状况描述准确传递给医生，而医生则可以利用翻译工具提供多语种的医疗建议和诊断结果，从而降低沟通障碍对医疗质量的影响。

在国际合作和跨国诉讼中，法律文件的翻译需求量巨大，机器翻译系统能够高效完成合同、协议等文件的初步翻译工作，为法律团队节约时间并提高审查效率。虽然对于复杂法律条款的翻译仍需人工校对，但机器翻译在初期阶段的应用已能大幅缩短工作时间。

（五）旅游与出行领域的语言服务

现代机器翻译技术已经被集成到各种便携设备中，用于满足旅行者的即时翻译需求。语音翻译设备可以帮助旅行者快速实现与当地人的简单沟通，解决餐厅点餐、问路和景点介绍中的语言障碍问题，从而提升出行体验。旅游行业中的多语种信息发布离不开机器翻译的支持，景点介绍、酒店预订页面以及旅行指南等内容的翻译，通过机器翻译技术实现语言适配能够帮助更多国际游客获得便捷的信息服务，并促进旅游经济的发展。

（六）机器翻译应用中的改进方向

虽然机器翻译在实际应用中表现出显著优势，但在某些场景下仍存在翻译质量与准确性不足的问题，面对文化背景复杂的内容或需要高度精准的领域翻译，机器翻译的结果往往欠缺人性化和专业性。为了进一步提升机器翻译的实际效用，需要加强以下几个方面的优化。

（1）提高对语言文化背景的理解能力，特别是在翻译文学、新闻和广告类文本时，确保翻译结果能够兼顾语境与情感表达。

（2）增强术语匹配能力与行业专业性的结合，构建专门针对医学、法律和科技领域的高质量语料库，优化相关领域的翻译结果。

（3）推动人机结合模式的发展，将机器翻译的高效性与人工翻译的精确性有机结合，以达到更高的翻译水平。

机器翻译的实际应用范围正在不断扩大，其在新闻传播、教育、医疗、电子商务等领域的广泛实践，彰显了现代科技对语言服务行业的深刻影响。

第二节 计算机辅助翻译（CAT）工具

一、CAT 工具的基本功能

（一）翻译记忆库的建立与应用

翻译记忆库作为 CAT 工具的核心功能，可以有效保存和重复利用译文中的相似内容。每当用户输入新的翻译句段时，系统会自动比对已有的翻译记忆库，寻找相似度较高的内容，并为用户提供参考，这种功能在技术文档和合同文本等高重复性文本中尤为重要，因为其能大幅度提高翻译效率，并确保术语和语言风格的一致性。翻译记忆库的使用不仅节省了大量重复劳动的时间，还能在长期积累中形成针对特定领域的专用语料资源，为译者的未来工作提供更高的便利。

（二）术语库的管理与维护

术语库的管理功能可以帮助译者对专业术语进行系统化管理，从而避免翻译过程中因术语不一致导致的错误，在某些领域中术语的标准化程度直接关系到翻译质量，如医学、法律和工程领域。CAT 工具内置的术语库不仅能够存储译者自行输入的术语，还可以通过外部术语数据库的导入功能快速建立完整的术语系统。术语库的应用可以确保译文中术语使用的统一性，并在翻译团队协作中提供标准化的术语参考，从而避免团队成员对术语理解的不一致。

（三）分段与对齐的编辑功能

CAT 工具通过对源文本进行分段处理，使译者可以更加专注于具体句段的翻译，而不会受到整篇文档结构复杂性的干扰，分段功能能够将复杂文本切割成更容易处理的片段，同时通过对每段译文与原文的对齐展示，实现直观的对比与校对。对齐功能不仅帮助译者快速发现原文与译文间的对应关系，还能在回顾和修改时快速锁定问题所在，这一功能为长期处理多语种翻译任务的团队提供了强大的文本管理工具，有效降低了翻译过程中遗漏或错译的风险。

（四）自动化质量检测功能

CAT 工具的自动化质量检测功能通过对译文进行多维度的检查，帮助译者识别可能存在的语法、标点和术语错误，这种功能特别适用于多段落复杂文本翻译，因为译者在长时间工作后容易忽略细节问题。自动化检测功能可以对术语一致性、数字格式、标点符号使用以及格式排版等方面进行全面核查，确保最终译文在语义和形式上的规范性，这种质量检测不仅提高了翻译的精确度也使得译文更符合出版和发布的专业要求。

（五）多文件格式的支持与兼容性

CAT 工具具备对多种文件格式的支持能力，这一功能极大地扩大了其适用范围，无论是传统的文字处理文档还是较为复杂的 HTML、XML 文件，CAT 工具都能够解析其中的文本内容并进行翻译处理。翻译完成后 CAT 工具还能够保持文件的原有格式与结构，减少了额外的排版和调整工作量，对于企业级翻译项目，CAT 工具的这种兼容性为处理多样化文件格式的需求提供了技术保障，并显著缩短了文件转换和整合的时间成本。

（六）团队协作与项目管理功能

团队协作功能使 CAT 工具能够实现多个译者对同一项目的同时工作，从而在大规模翻译任务中大幅提升效率，这一功能通过云端共享和实时同步技术，使团队成员可以随时访问翻译记忆库和术语库，并查看彼此的翻译进度。CAT 工具中的项目管理功能允许团队领导者分配任务、监控进度，并实时了解整体项目的完成情况，这样的协作机制尤其适用于跨区域分布的翻译团队，为协调多个译者和审校人员的工作提供了可靠的平台支持。

（七）翻译结果的后期编辑支持

CAT 工具在翻译完成后还提供了一系列后期编辑功能，帮助译者对译文进行润色和优化。与原文内容紧密对齐的译文编辑界面使得译者可以快速检查和调整翻译结果，同时避免对上下文的理解产生偏差。后期编辑功能通常包括语法校正、格式调整和术语一致性检查，特别是在机器翻译生成的初步结果中，这一功能能够帮助译者快速提升译文的质量，后期编辑功能的引入使得 CAT 工具在提高效率的同时，仍能保障最终译文的专业性和语言流畅度。

（八）数据统计与分析功能

CAT 工具内置的数据统计功能可以为译者提供详细的工作量分析和翻译成果报告，工具可以统计翻译的总字数、重复句段的数量以及术语使用的频率，这一功能不仅为译者提供了工作效率的量化依据，还为项目管理者优化翻译流程提供了科学数据支持。在某些情况下，数据统计还可以帮助译者发现工作中的瓶颈，如特定类型句段的处理速度偏慢等问题，从而为下一步改进翻译方法提供依据。

（九）机器翻译与人工翻译的结合

CAT 工具能够集成机器翻译功能，将其作为人工翻译的辅助部分，进一步提升工作效率。在翻译流程中，机器翻译通常用于提供初步译文，随后由人工译者进行润色和调整，这种结合模式既能够利用机器翻译的高效性，又能够避免其在语境理解和文化适配上的不足。CAT 工具对机器翻译的引入使得复杂的翻译任务能够以更高效的方式完成，同时又能在一定程度上保证译文质量。

（十）用户界面的个性化设置

CAT 工具允许用户根据自身需求对界面布局和功能进行个性化设置，无论是调整工作区域的分布,还是选择特定的翻译记忆库和术语库,CAT 工具都能满足用户的多样化需求。个性化设置功能不仅提升了用户体验,还为译者创造了更为高效的工作环境,使其能够专注于翻译任务本身,这种灵活性使 CAT 工具能够适应不同的使用场景,无论是个人译者还是大型翻译团队,都能从中获益。

CAT 工具通过多功能的整合,涵盖了翻译过程中的方方面面,其在翻译记忆、术语管理、质量检测和团队协作等方面的应用,为现代翻译工作带来了深刻的变革,这些功能不仅显著提高了翻译效率还为译文质量提供了坚实的技术支持,使翻译行业能够更好地适应全球化和信息化的需求。

二、常见 CAT 工具介绍

(一) Trados Studio

1. 功能与特色

Trados Studio 是目前翻译行业中使用最为广泛的 CAT 工具之一,其强大的翻译记忆库功能和术语管理系统使其成为许多大型翻译项目的首选,该工具能够处理多种格式的文件,包括 Word 文档、Excel 表格以及复杂的 HTML 或 XML 文件,支持批量文件的翻译和质量检查,提高了工作效率。翻译单元在系统内存储,译者可以重复利用之前的翻译成果,显著提升一致性和效率。

2. 用户群体与适用场景

Trados Studio 主要适用于专业翻译公司、大型翻译项目以及对术语管理要求较高的翻译任务,该工具的多用户协作功能使其在团队翻译中发挥了重要作用。项目经理可以实时监控翻译进度并分配任务,而译者可以共享翻译记忆库与术语库,确保术语一致性。

(二) MemoQ

1. 功能与特色

MemoQ 作为一款功能全面的 CAT 工具,其独特之处在于多语言支持和灵活的项目管理功能。MemoQ 的实时翻译记忆库和术语建议功能，使译者能够快速定位匹配的翻译单元，并在翻译过程中保持高效，工具内置的质量保证功能能够自动检测翻译中的拼写错误、数字错误以及不一致之处，确保译文的准确性。

2. 用户群体与适用场景

MemoQ 广泛应用于自由译者、小型翻译团队以及需要高度定制化解决方案的翻译项目，其用户友好的界面和易用性使新手译者能够快速上手，而灵活的插件功能和开放的 API 则满足了专业用户的需求。

（三）Wordfast

1. 功能与特色

Wordfast 是一款轻量级的 CAT 工具，以高性价比和跨平台兼容性著称，该工具支持翻译记忆库的导入与导出，并提供实时术语管理功能，使其适合处理中小型翻译任务。Wordfast 的便携性和操作简便的特点使其成为许多自由译者的首选工具。

2. 用户群体与适用场景

Wordfast 适用于预算有限但需要提升翻译效率的用户群体，其桌面版和在线版都具有较高的灵活性，能够满足不同场景下的翻译需求，包括文档翻译、学术翻译和中小企业项目翻译。

（四）Déjà Vu

1. 功能与特色

Déjà Vu 以其高效的翻译引擎和智能化的术语管理系统为特点，该工具在翻译过程中能够自动优化匹配结果，帮助译者节省大量时间。Déjà Vu 提供了强大的自动拼写检查和质量审查功能，减少了后期校对的工作量。

2. 用户群体与适用场景

Déjà Vu 适用于对翻译质量和智能化要求较高的用户，其优化的翻译记忆功能和快速匹配技术，使其在技术文档、法律翻译和复杂多语种项目中表现突出。

（五）CafeTran Espresso

1. 功能与特色

CafeTran Espresso 是一款较为小众的 CAT 工具，但其开放性和跨平台支持使其拥有一批忠实用户，该工具支持多种文件格式，并能够无缝对接第三方翻译引擎，为用户提供更多的翻译资源。

2. 用户群体与适用场景

CafeTran Espresso 适合对操作系统兼容性要求较高的译者，如 Mac 用户，其直观的界面和快速响应的技术支持服务吸引了许多注重用户体验的个人译者。

常见的 CAT 工具通过各自独特的功能和特点，满足了不同用户群体的需求，并在不同场景中展现出优势，无论是大型翻译项目还是个人自由翻译，这些工具都为提升翻译效率和质量提供了重要支持。

三、CAT 工具的优点与局限性

（一）CAT 工具的优点

1. 提高翻译效率

CAT 工具通过翻译记忆库的使用，使得译者可以重复利用已有的翻译内容，大幅度提升工作效率。相较于传统的人工翻译方式，CAT 工具能够迅速识别重复或相似的句段，并自动提供匹配结果，避免了重复劳动，节省了大量时间。

2. 确保术语一致性

术语管理系统是 CAT 工具的重要功能之一，能够记录、存储和调用专业术语。无论是多语种翻译还是团队合作，术语管理系统都能有效保障术语的统一性与准确性，减少因术语使用不一致导致的误解和错误。

3. 支持多种文件格式

CAT 工具兼容性较强，可以处理多种类型的文件，包括 Word 文档、PDF 文件、HTML 页面和技术文档等，通过支持多格式文件译者能够灵活应对不同类型的翻译项目，满足多样化的客户需求。

4. 提供质量检查功能

CAT 工具通常内置质量检查模块，能够自动检测翻译中的拼写错误、标点错误以及术语不一致的问题，这一功能在减少人工校对时间的同时，还能显著提高翻译的准确性和专业性。

5. 支持团队协作

许多 CAT 工具允许多个译者共享翻译记忆库和术语库，促进团队成员之间的协作。项目经理可以通过工具分配任务、实时监控进度，确保不同译者的工作成果在风格和术语上保持一致。

（二）CAT 工具的局限性

1. 对创造性翻译的局限

CAT 工具在应对文学翻译、广告翻译等具有高度创造性和表达个性化要求的文本时，难以满足实际需求，这类文本往往需要灵活运用语言，而 CAT 工具基于翻译记忆的匹配方法容易导致译文缺乏原创性和情感表达。

2. 依赖翻译记忆库的质量

CAT 工具的核心功能依赖于翻译记忆库的内容质量，如果记忆库中存储的翻译单元存在错误或不够准确，工具会重复错误的翻译，从而影响译文的整体质量，译者在使用工具时仍需具备较高的语言能力和专业判断力。

3. 学习成本较高

某些功能复杂的 CAT 工具在操作上需要较长的学习时间并对用户的计算机操作能力提出了一定要求。对于不熟悉这类工具的新手译者来说，掌握工具的各项功能需要投入较大的时间成本。

4. 高昂的使用成本

许多知名 CAT 工具，如 Trados Studio 和 MemoQ，价格较高，超出部分译者或小型翻译团队的预算。虽然也存在一些免费或低成本的工具，但这些工具通常在功能上有所限制，难以完全满足大型项目的需求。

5. 对技术依赖过重

CAT 工具的使用离不开计算机和软件支持，一旦出现技术故障，软件崩溃或硬件损坏，会导致工作进度延误甚至数据丢失，对于不具备稳定网络连接的用户，某些云端功能难以正常使用。

（三）CAT 工具应用的思考

针对不同的翻译项目，应根据具体需求选择适合的 CAT 工具。在处理具有高重复率的技术文档时，可以优先选择具备强大翻译记忆功能的工具；而对于多语种翻译项目，则需要选择多语言兼容性较强的工具。虽然 CAT 工具能够极大提高工作效率，但译者仍需具备扎实的语言功底和专业素养。工具只能作为辅助手段，无法完全取代译者的语言判断能力和创造性表达。为了发挥 CAT 工具的最大潜能，定期维护和优化翻译记忆库至关重要，清理冗余数据、修正翻译错误、更新专业术语，能够提升工具的匹配准确性，从而为译者提供更可靠的支持。

CAT 工具在翻译实践中具有不可替代的重要地位，但其局限性同样需要引起重视。译者需要灵活运用工具，根据项目需求扬长避短，在工具辅助和语言能力之间找到平衡点，以确保翻译质量的不断提高。

四、CAT 工具的未来发展

（一）技术进步推动工具功能升级

未来 CAT 工具的发展将更加依赖人工智能技术的不断进步，基于机器学习和深度学习的自然语言处理算法，将使翻译记忆库的匹配能力更为精准，同时能够更有效地处理复杂语义和上下文关联，提高翻译结果的准确性和流畅度[1]。

随着技术的进步，CAT 工具将逐步超越传统的文字翻译功能，拓展至图像、音频和视频内容的翻译。多模态翻译功能的发展将为翻译行业开辟新的应用场

---

[1]Togioka B M, Seligman K M, Delgado C M. Limited English proficiency in the labor and delivery unit[J]. Current opinion in anaesthesiology, 2022, 35(3): 285-291.

景，多语言视频字幕制作和多媒体内容本地化服务，满足不同行业的多样化需求。

（二）用户体验的持续优化

未来的 CAT 工具将通过智能化设计，简化操作流程，提升用户体验，个性化的界面设置、智能任务分配和语料管理功能，将使用户能够更加高效地完成翻译任务，同时降低工具的学习门槛，为更多翻译从业者提供便利。基于云技术的 CAT 工具将进一步强化协作功能，支持多个译者在同一项目中实时共享翻译记忆库和术语库，这种协作模式不仅提高了团队的工作效率，还能够确保不同译者的翻译风格和术语使用保持一致。

（三）与行业需求的紧密结合

未来的 CAT 工具将更加注重与特定行业需求的结合，提供针对性强的定制化功能。在法律、医学和技术等高度专业化领域，CAT 工具将内置行业专属术语库和翻译模板，为译者提供更精准的技术支持。随着全球化进程的加速，未来的 CAT 工具将进一步提升对低资源语言的支持能力，填补主流语言和少数民族语言之间的差距，通过扩展语言覆盖范围，CAT 工具能够为更多用户提供服务，推动语言间文化交流的深入发展。

（四）数据安全与隐私保护的提升

随着数据隐私保护意识的增强，CAT 工具将更加注重翻译数据的安全性，通过应用先进的数据加密技术，CAT 工具能够有效防止翻译内容泄露，保护用户的商业机密和知识产权。未来的 CAT 工具将提供更加灵活的存储方案，允许用户选择将翻译记忆库和术语库保存在本地或特定服务器中，这一功能将赋予用户更多的控制权，同时进一步降低潜在的数据泄露风险。

CAT 工具未来的发展方向将呈现出技术驱动、用户导向与行业需求相结合的特点，在持续创新和优化的过程中这些工具将更好地满足翻译行业不断变化的需求，成为提高翻译效率与质量的核心力量。

第三节　语料库在翻译中的应用

一、语料库的定义与分类

(一) 语料库的定义

语料库是一种以语言材料为核心的数据库，通常由经过严格筛选和加工的真实语言数据构成，为语言学研究和语言技术的开发提供支持。语料库可以包括文字材料、音频、视频等多种形式，通过技术手段进行系统化的存储和管理，便于后续的查询与分析①。

语料库在翻译领域发挥着辅助和支撑的关键作用，尤其是在提高翻译准确性和一致性方面效果显著。借助语料库，译者可以查阅相关背景信息、术语翻译的使用情况及语言搭配的典型用法，从而避免词义偏离或风格不符的问题。

(二) 语料库的分类

根据语言的使用范围，语料库可以分为单语语料库、双语语料库和多语语料库。单语语料库通常用于研究目标语言的语言特性，而双语语料库和多语语料库则是翻译研究的主要资源，为双向或多向语言转换提供支持。

根据功能，语料库可以分为研究型语料库和应用型语料库。研究型语料库一般用于语言学研究、词频统计、句法模式分析等；而应用型语料库则直接服务于翻译实践，如专用术语语料库和行业领域语料库，帮助解决专业性较强的翻译问题。

根据内容，语料库可以分为综合语料库和专用语料库。综合语料库涵盖了多

---

①Tabrizi A R N, Etemad P.Check the grammar of your translation: The usefulness of WhiteSmoke as an automated feedback program[J].Literary & linguistic computing: Journal of the Alliance of Digital Humanities Organizations, 2021(2):36.

个领域和题材的语言材料，适用于广泛的语言研究；而专用语料库则聚焦于特定领域的语言资源，如法律、医学、技术等领域的语料，为专业翻译提供高效支持。

（三）语料库与传统翻译资源的区别

与传统的词典或术语手册等静态资源相比，语料库具有动态更新的特点，可以随着语言的变化不断扩展和优化数据内容，同时语料库能够提供上下文语境的信息，使译者在理解和表达上更加准确。语料库通常包含大规模的语言数据，能够涵盖更多样化的语义和句法模式，而传统翻译资源的内容相对有限，语料库的高覆盖率为译者提供了更加全面和精确的翻译依据。基于现代技术的语料库通常配备强大的搜索功能，能够快速定位所需信息并生成多维度的结果，这种高效性使其在翻译实践中逐渐取代了传统翻译资源的部分功能。

（四）语料库的未来发展方向

随着翻译需求的多样化，未来的语料库会融入图像、音频和视频等非文字资源，为多模态翻译提供支持，这将为影视字幕翻译、广告本地化和多媒体教学翻译等领域开辟新的应用场景。人工智能技术的发展将使语料库的查询和分析更加智能化，通过机器学习技术，语料库可以自动标注语言材料的情感倾向、语体特征和文化背景，为译者提供更加个性化的服务。未来语料库与机器翻译和计算机辅助翻译工具的整合将更加紧密，通过直接调用语料库的数据，翻译软件可以实现更高质量的自动翻译和辅助翻译功能，进一步提升翻译的效率和精准度。

语料库作为翻译领域的重要资源，随着语言学研究和翻译技术的不断发展，将在未来展现出更广泛的应用价值和研究潜力。

二、平行语料库的构建与使用

（一）平行语料库的概念与特点

平行语料库是由原文和其对应译文组成的一种特殊语料库，通常以句子或段落为单位进行对齐和存储,其提供了双语或多语文本的对比数据,能够清晰展示不同语言之间的翻译对等关系,是翻译实践和研究中不可或缺的资源。平行语料库通过对双语文本的精准对齐,为翻译提供了语言间的直接映射,帮助用户快速定位翻译策略和方法。相较于单语语料库,平行语料库能够展现目标语言和源语言之间的结构转换和词义扩展等细节,从而满足更高精度的翻译需求。

(二) 平行语料库的构建过程

平行语料库的构建需要从海量的双语文本中进行语料收集,通常包括政府文件、技术手册、文学作品等多种类型。为了确保数据的可靠性与权威性,语料筛选环节需要严格评估其来源和内容的一致性。语料库的精准对齐是构建的重要环节,通常以句子为基本单位,通过计算机辅助工具或人工校验实现源文本与目标文本的对应,对齐的精度决定了语料库的使用效率和价值。为了便于后续查询与分析,语料库的数据需要进行格式化处理,并以统一的标准存储在数据库中。现代技术支持多种格式的语料库存储,如 XML 格式和专用语料库管理系统,以满足不同用户的需求。

(三) 平行语料库在翻译中的作用

平行语料库能够为译者提供大量的翻译范例和目标语言的表达习惯,帮助译者在面对复杂或陌生领域的内容时迅速找到合适的表达方式,同时其还可以展示多种翻译策略之间的差异,为译者的选择提供指导。

在术语翻译和固定搭配的处理方面,平行语料库的价值尤为突出,其能够帮助译者避免词义偏差,确保翻译的一致性和准确性,尤其是在法律、医学和技术领域的翻译中表现出色。

平行语料库在翻译质量评估中提供了重要依据,通过对译文和原文的对比分析可以快速发现译文中的错误或不足,其还是翻译研究的重要工具,为翻译策略、风格和文化因素等领域的研究提供了丰富的数据支持。

(四) 平行语料库的使用策略

在使用平行语料库时,语料的领域相关性直接影响其参考价值,技术领域的翻译更适合使用技术类语料库，而文学翻译则需要借助文学类平行语料库来保证翻译风格的一致性。现代翻译工具能够与平行语料库结合使用，通过强大的检索功能快速定位所需语料。利用语料库插件或专用检索软件，译者可以从大量数据中高效提取有用信息，提升翻译工作的效率和质量。平行语料库的使用不仅限于提供直接的翻译参考，更重要的是帮助译者进行动态对比分析，通过对比不同译文的优劣，译者可以优化翻译策略，提高语言表达的精确度和流畅度。

平行语料库作为一种强大的翻译资源，在翻译实践和翻译研究中发挥着不可替代的作用。随着科技的发展和数据积累的增加，其使用将更加广泛和深入，为翻译活动提供更全面的支持和保障。

三、语料库辅助翻译的方法

（一）语料库在翻译中的核心作用

语料库通过存储大量真实语料，能够为译者提供丰富的语言使用参考，使译文在内容表达上更加贴近目标语言的实际语境。无论是词汇搭配还是语法结构，语料库都可以通过真实案例帮助译者找到最佳表达。

在技术性强或专业性较高的翻译领域，术语的一致性是影响翻译质量的重要因素。语料库能够记录并检索相同术语在不同语境中的翻译方式，为译者提供精准的术语选择依据。

（二）语料库辅助翻译的实际步骤

1. 明确翻译任务与需求

在开始翻译之前，译者需要根据任务要求选择合适的语料库类型，法律文本翻译可以借助法律语料库，而文学翻译则更适合使用文学类语料库，以确保语料的领域相关性。

2. 利用检索工具提取相关语料

语料库的高效利用离不开检索工具的支持，译者可以通过输入关键词、短语或特定语法结构，在语料库中快速定位相关内容，提取出最具参考价值的翻译实例，并应用到实际工作中。

3. 结合双语对齐分析对比翻译策略

通过对比源语言和目标语言在语料库中的对齐结果，译者能够更清楚地理解翻译过程中涉及的语义转换和结构调整，这种分析方式不仅能够提高翻译的精确度还能够帮助译者总结翻译中的规律和方法。

（三）语料库辅助翻译的具体应用场景

在翻译长句或复杂句型时，语料库可以通过检索类似句型的翻译实例，为译者提供参考，具体内容包括句子拆分、语序调整和逻辑关系的表达，使译文更加清晰流畅。许多固定搭配和习语在不同语言中的表达方式存在很大差异，直接逐词翻译往往难以准确传达原意。语料库通过大量例句的支持，为译者提供目标语言中的自然表达形式，从而避免生硬或错误的翻译。在涉及文化背景较强的内容翻译时，语料库可以为译者提供相应的翻译范例，帮助其准确表达文化特定内涵，避免误解或偏差，借助语料库译者能够在不同文化语境中找到合适的语言表达。

（四）语料库辅助翻译的实践建议

语料库的价值很大程度上取决于其内容的时效性，为了保证语料库能够反映最新的语言变化和翻译趋势，建议定期对语料库进行更新和扩展。在实际翻译中，语料库的使用可以与翻译记忆工具结合，形成更高效的工作流程。翻译记忆工具负责记录译者个人的翻译内容，而语料库则提供更广泛的语言资源支持，两者互补可以显著提高翻译效率。不同的翻译任务对语料库的使用方式有不同要求，对于通用类文本的翻译，可以更多关注语言表达的自然性；而对于技术性文本的翻译，则需要更加注重术语的专业性和一致性。

语料库的辅助作用正在逐渐成为现代翻译实践的核心部分，通过充分利用语料库的资源，译者不仅可以提升翻译效率，还能够大幅提高译文的质量和准确性，未来随着语料库技术的不断发展，其在翻译工作中的应用也必将更加广泛和深入。

四、语料库在翻译研究中的价值

(一) 语料库对翻译理论的支撑作用

语料库通过汇集大规模双语或多语文本数据，为翻译研究提供了丰富的实证材料。学者可以基于语料库进行定量与定性分析，从而深入探讨语言在翻译过程中的变化规律，以及翻译策略对目标语言的影响[1]。翻译研究中许多理论假设需要具体语言数据加以验证，而语料库恰好能够提供足够的语言材料。无论是关于翻译普遍性的假设，还是某种翻译策略的适用性，语料库都能通过实例分析给予充分的支持。

(二) 语料库在翻译策略研究中的应用

译者在翻译过程中会因文化、语言或个人风格的差异而产生翻译偏向，语料库能够通过大规模数据对比揭示此类现象。研究者可以借助语料库分析不同翻译文本中的语言特征，从而发现译者在处理特定语境时的规律性选择。语料库中的双语对齐功能有助于研究者总结源语言到目标语言的转换规律，这一过程对优化翻译策略具有重要意义，通过对比分析高质量译文的翻译手段，研究者能够为实践者提供更加具体和可操作的建议。

(三) 语料库在翻译风格研究中的作用

语料库能够通过大量文本分析，揭示译者在语言使用上的风格特征，研究者可以通过对语料库中译者译文的词汇使用频率、句法选择等方面的统计，归纳出译者独特的语言倾向，为翻译风格研究提供科学依据。译文是否忠实原作风格是翻译研究的重要议题，语料库通过原文与译文的对比分析，能够帮助研究者更清晰地判断译者在再现原作风格时的成效，语料库中的具体数据还可以支持对译者创造性转换的合理性进行评估。

---

[1] 徐莹.基于中西方文化差异的英语翻译理论及技巧——评《现代英语翻译理论与实践研究》[J].社会科学家,2021(9):1.

（四）语料库在文化对比研究中的价值

语料库包含多种语言与文化背景的文本，能够有效促进跨文化比较研究，研究者借助语料库能够分析不同语言在文化负载词汇上的异同，从而探索翻译在跨文化传播中的作用。翻译过程中不可避免地涉及文化内容的取舍，而语料库通过提供多种翻译版本的数据，有助于研究者探讨不同文化背景下翻译的适应性策略，研究者可以结合语料库的统计结果，提出更加适合目标文化的翻译方法。

（五）语料库对翻译教学的启示

语料库不仅对翻译研究具有理论价值，还能够在翻译教学中发挥实际作用，语料库可以为学生提供真实的语言数据，帮助其掌握语言在具体语境中的运用方式，提高翻译实践能力。学生在使用语料库时，可以通过对高质量译文的学习，意识到语言表达的多样性与准确性的重要性，这种学习方式不仅能提升其翻译能力，还能培养其对翻译质量的严格要求和责任感。

语料库的价值在翻译研究中逐渐显现，无论是理论层面的探索还是实践层面的应用，其都已成为现代翻译研究的重要工具。随着技术的不断进步，语料库在翻译研究中的作用必将进一步拓展，为语言学与翻译学的发展提供更加丰富的支持。

第四节　人工智能与翻译的未来趋势

一、人工智能翻译概述

（一）人工智能翻译的定义与基础

人工智能翻译指的是利用人工智能技术对自然语言进行分析、理解和生成，从而实现语言间的自动化转换，相比传统的机器翻译系统，人工智能翻译系统具备更高的学习能力和语言处理能力①。当前人工智能翻译的核心技术主要包括深度学习、神经网络和自然语言处理，这些技术通过模拟人类大脑的认知模式，能够在处理复杂语法结构和语义关系方面展现出较强的能力。

（二）人工智能翻译的发展现状

随着计算能力的不断提升和数据资源的日益丰富，人工智能翻译技术在语义理解、上下文处理和语言生成等方面取得了显著进步。神经机器翻译（NMT）已成为当前主流技术，其性能在翻译质量和效率上显著优于统计机器翻译（SMT）。人工智能翻译目前已被广泛应用于各个领域，包括电子商务、国际新闻、教育等行业，同时许多大型科技公司和研究机构也在持续推动人工智能翻译技术的商业化进程，以满足日益增长的语言服务需求。

（三）人工智能翻译的核心优势

相比于传统的人工翻译，人工智能翻译能够在极短时间内完成大规模文本的语言转换任务，这种高效率的特点使其在应对即时性要求较高的场景中具有明显优势。人工智能翻译系统的一个重要特点是其能够支持多种语言的翻译需求，无论是少数民族语言还是国际通用语种，其均能提供较为准确的语言转换服务。

（四）人工智能翻译的潜在局限

尽管人工智能翻译系统在语言转换上具有较强的能力，但在理解语言背后的文化内涵和隐喻表达方面仍存在较大难度，尤其是在文学作品翻译中其往往难以准确捕捉作者的情感与风格。人工智能翻译虽然能够在绝大多数情况下生成较为流畅的译文，但在处理复杂语言结构或生僻词汇时，会产生不符合原意的翻译错误，这些错误在正式场合会导致较大的误解。

人工智能翻译技术的崛起正在深刻改变传统翻译行业的运作模式，未来在技术不断完善的基础上，其将成为推动全球语言交流的重要动力，然而如何在技术

---

① 吴祖风.功能翻译理论视角下英语翻译技巧应用探讨[J].海外英语,2024(7):34-36.

与文化、效率与质量之间找到平衡点，仍是未来需要深入探索的课题。

二、深度学习在翻译中的应用

（一）深度学习的基本原理及其在翻译中的作用

深度学习是人工智能领域的重要技术，其本质是通过多层神经网络对数据进行高层次特征提取与模式识别。在翻译领域，深度学习技术被应用于神经机器翻译，实现了对句子语义的精准捕捉以及对上下文的综合理解。神经机器翻译模型以神经网络为基础，利用编码器－解码器架构，通过学习大规模双语数据集中的语言规律，提高翻译质量。

通过深度学习模型的广泛应用，翻译系统能够实现对多语种文本的快速处理，并优化语言间的转换效率，这种技术不仅增强了机器对复杂句法和语义的处理能力，同时提升了翻译结果的流畅性和自然性，使其更加接近人类翻译的水平。

（二）深度学习技术的主要特点及优势

1. 上下文依赖性增强

传统的统计机器翻译常因缺乏对上下文信息的全面考虑，导致翻译结果存在语义不连贯的现象；而深度学习通过引入循环神经网络（RNN）和长短时记忆网络（LSTM）等结构，能够更有效地捕捉文本中的上下文信息，从而生成语义连贯的译文。

2. 模型自适应能力的提升

深度学习模型具备极强的学习能力，可以通过对大规模数据的训练快速适应多种语言结构与语法规则，这种特性使得翻译系统能够在处理不同语言的复杂句法结构时，生成更符合语言习惯的译文。

3. 翻译结果流畅性优化

深度学习技术的引入极大地提高了机器翻译结果的流畅性，基于注意力机制的神经网络架构能够动态关注句子的重点信息,使得翻译更加贴合目标语言的表达习惯,避免词语排列不自然的问题。

(三) 深度学习技术在翻译中的应用场景

随着全球化进程的不断加速,实时翻译需求日益增多,深度学习技术的高效性使得翻译系统能够支持多语种实时转换,特别是在商务交流、国际会议等场景中表现尤为突出。

在医学、法律、科技等专业领域,深度学习技术能够通过训练专业领域的语料库,生成针对特定领域的高质量翻译结果,这种应用不仅满足了对专业术语高精度翻译的要求,同时也为用户提供了更为定制化的翻译服务。

深度学习技术的进步推动了语音翻译的快速发展,将语音识别技术与神经机器翻译相结合,翻译系统能够直接将语音内容转换为目标语言文本,并生成自然流畅的译文。这种技术已在语言学习、旅游翻译等场景中得到广泛应用。

(四) 深度学习技术在翻译中的局限性

深度学习模型的训练需要大规模的高质量双语语料库作为支撑,对于语言资源稀缺的地区和语言对,因缺乏足够的语料数据,模型训练效果往往不够理想,导致翻译质量不稳定。尽管深度学习技术能够在一定程度上理解上下文语义,但在处理涉及复杂文化背景或隐喻表达的文本时,仍然存在不足,由于难以完全捕捉语言中的文化内涵,这类翻译结果容易导致误解或语义偏离。深度学习模型的训练和部署通常需要大量计算资源,对于中小型翻译机构和个人用户而言,这种高昂的计算成本成为推广和应用的障碍。

(五) 未来深度学习技术的发展方向

未来深度学习翻译技术将逐步与知识图谱相结合,以提高对语言语义的理解能力和翻译的准确性。知识图谱的引入能够为翻译系统提供更加全面的背景信息支持,从而改善对复杂句法结构和隐喻表达的处理。随着深度学习模型的不断优化,轻量化模型的开发将成为重要趋势,通过缩小模型参数规模和提升算法效率，翻译系统能够在更小的计算资源下运行，从而扩大深度学习翻译技术的普及范围。深度学习技术的应用将不再局限于文本翻译领域，而是进一步拓展至图像、语音、视频等多模态信息的翻译，这种跨模态的翻译系统将为用户提供更加全面的语言服务。

深度学习作为人工智能翻译领域的核心技术之一，其在翻译准确性、效率以及多语种支持方面展现了巨大的潜力。尽管当前仍然存在一定局限，但随着技术的持续迭代和多学科的深度融合，深度学习翻译技术将进一步推动全球语言交流的发展进程。

三、人工智能对翻译行业的影响

（一）翻译效率的显著提升

人工智能技术的广泛应用推动了自动化翻译系统的普及，这些系统能够迅速处理海量文本，并将其转换为目标语言。相较于传统的人工翻译模式，基于人工智能的翻译工具在速度和效率上具有显著优势，使得翻译服务能够更好地满足全球化背景下的信息传递需求。人工智能技术的引入使翻译工作逐渐从单纯的手工操作转向人机协作模式，翻译人员在利用人工智能工具完成初步翻译后，更多地参与译文校对与润色环节，这种模式不仅提高了整体工作效率，也使翻译人员能够将更多精力集中于语言的艺术表达与质量提升。[1]

（二）翻译质量的改进与挑战

基于人工智能的翻译系统可以通过神经网络算法和大数据分析，有效捕捉源语言的语义信息，生成更加符合目标语言表达习惯的译文，特别是在句法复杂、语义多义的文本处理中，人工智能技术展现了超越传统翻译方法的能力。尽管人工智能技术在处理直白语句和一般文本时具有较高的准确性，但对于涉及文化差异和隐喻表达的内容，翻译结果常常存在语义偏差，这种局限性要求人工翻译人员在后期校对阶段进行干预，以确保译文的文化适配性。

---

[1] 崔瑶.功能翻译理论视角下的大学英语翻译教学[J].英语广场,2024(2):72-75.

(三)翻译行业成本的优化

人工智能技术的快速发展显著降低了翻译行业的运营成本，自动化翻译系统能够以极低的成本完成大量文本的翻译任务，使中小型企业和个人用户能够以较低的预算获得翻译服务。随着人工智能技术的普及，翻译市场呈现出低端服务自动化、高端需求定制化的趋势，客户对高质量译文的需求推动了翻译行业在专业领域的深耕细作，也为翻译人员提供了新的发展空间。

(四)翻译职业技能的转型

人工智能技术的广泛应用促使翻译从业者必须掌握相关工具的使用，以适应行业发展的需求，从简单的机器翻译辅助工具到复杂的翻译管理系统，翻译人员需要不断学习和提升自己的技术能力。翻译行业的职业技能要求正在从传统的语言能力扩展到技术与语言相结合的综合能力领域。翻译人员不仅需要具备优秀的语言功底，还需要掌握人工智能工具的运行原理及其局限性，以确保翻译结果的准确性与自然性。

(五)翻译市场竞争格局的变化

人工智能技术降低了翻译行业的准入门槛，使得中小型翻译公司能够快速进入市场并提供低成本、高效率的翻译服务，这一变化推动了翻译行业的多元化发展，也为更多企业参与竞争创造了条件。在人工智能技术的推动下，大型翻译企业通过整合先进技术与资源，逐渐确立了其在行业中的技术主导地位，这些企业依靠其技术研发实力与市场资源，不断优化翻译服务流程，提高翻译效率与质量。

(六)翻译行业的伦理与法律问题

随着人工智能翻译系统的广泛应用，译文质量的责任划分成为行业关注的焦点，如果翻译结果因人工智能系统的错误而导致语义偏差或信息失真，责任的归属问题需要法律层面给出明确界定。人工智能翻译系统需要大量数据进行训练，数据的收集与使用涉及隐私与版权问题，在翻译行业中如何平衡技术发展与数据权益保护成为亟待解决的重要课题。

（七）翻译行业发展的未来趋势

未来人工智能与翻译行业将进一步深度融合，翻译从业者的角色从传统的翻译执行者转变为翻译流程设计师与语言文化顾问，这种角色转型将对翻译人员的专业素养与技术能力提出更高的要求。人工智能技术的应用推动了多语言翻译服务的全球化发展趋势，在跨境电商、国际贸易和文化交流等领域，基于人工智能的翻译服务将进一步助力全球语言沟通与信息共享。

人工智能技术对翻译行业的影响是深远且多层次的，其既为行业发展带来了效率提升与成本优化，也对翻译人员的技能转型提出了新要求。面对技术发展的机遇与挑战，翻译行业需要在技术与人文的平衡中探索新的发展路径。

四、未来翻译行业的发展方向

（一）技术与人文相结合的综合发展

未来翻译行业的发展将更加注重技术与人文的深度结合，人工智能技术在提高翻译效率的同时，也需满足译文的文化适配性与语言艺术性要求。翻译行业不仅需要解决机械化翻译带来的语言精确性问题，还需要兼顾翻译的文化深度与情感表达。翻译行业在未来将进入人机协作的深水区，人工智能技术在翻译初期提供技术支持，而人类翻译者则负责校对与优化译文，确保译文在语言风格与文化层次上的一致性，人类的创意与机器的效率在这种模式中将实现互补。

（二）翻译需求多样化的持续扩展

随着全球经济与文化的持续融合，翻译行业将面临更多来自多语言领域的需求，不仅局限于常见的国际语言，还包括对小语种的广泛应用，翻译行业将进一步推动多语言翻译服务体系的完善与规范化。未来翻译服务的需求将逐渐向专业化与细分化方向发展，法律、医学、科技等领域的翻译服务将更加依赖专业翻译团队提供定制化解决方案,行业的发展需要更多具有特定行业背景的翻译人才参与其中。

(三) 人工智能与翻译教育的协同创新

未来翻译教育将更加注重培养技术与语言能力兼备的人才,人工智能翻译技术的教学将成为翻译教育中的核心内容之一,翻译课程不仅涵盖语言技巧还将引入人工智能工具的实操训练与案例分析。翻译行业的未来发展需要翻译教育跨学科整合资源,通过语言学、计算机科学与文化研究的协作培养复合型翻译人才,这样的转变将更好地适应翻译行业技术化与多样化发展的需求。

(四) 翻译行业伦理与法律规范的健全化

人工智能技术在翻译行业中的广泛应用带来了数据隐私与语言偏见等伦理问题,未来翻译行业需要加强技术使用的伦理监管,确保翻译系统在公平与透明的原则下运行。翻译行业的健康发展需要法律规范对译文版权、翻译质量责任等问题进行界定与保护,未来翻译行业需要构建更加完备的法律体系,以保障翻译从业者与客户的合法权益。

(五) 行业资源共享与平台化服务的兴起

未来翻译行业将依托全球化趋势,推动翻译资源的共享与互通,建立涵盖多语种、多领域的翻译平台,提升行业整体服务能力,资源共享模式有助于缩短翻译时间、优化翻译成本。翻译服务的数字化与平台化是行业发展的重要方向,智能化翻译平台能够在大数据的支持下快速匹配翻译需求与供给,为客户提供更高效、更精准的翻译服务解决方案。

翻译行业在未来的发展中将逐步实现技术驱动与人文关怀的平衡,翻译技术、市场需求与从业者能力之间的协同发展将为行业注入新活力,通过加强教育与技术创新、规范行业伦理与法律保障,翻译行业将为全球语言沟通与文化传播做出更大贡献。

第六章 英语翻译从业人员的职业发展

第一节 翻译职业的基本素养

一、翻译人员的语言能力要求

（一）语言理解能力的精确性

翻译人员在从事翻译工作时，需要具备对源语言文本的深刻理解能力，这包括对源语言文本语法结构、词汇含义以及上下文逻辑关系的准确把握。只有在理解原文意图的基础上，才能完成语言间的准确转化。语言理解能力的缺失往往导致信息传递不完整，影响翻译的最终效果。翻译人员不仅要理解语言本身，还要对语言背后的文化语境、社会背景和表达意图进行多维分析。无论是文学作品还是专业文本，都需要结合具体语境进行翻译，才能确保译文的文化适配性与准确性。

（二）语言表达能力的灵活性

在翻译工作要求翻译人员不仅熟练掌握源语言，还需具备目标语言的高水平表达能力，确保译文符合语言使用习惯、逻辑清晰且流畅自然。目标语言的运用不仅体现在语法正确性上，还包括对语用特征的把握与风格化表达的能力。翻译人员需要根据不同的文本类型与翻译目的调整译文风格，这对语言表达的多样性提出了更高的要求。法律翻译注重严谨性，文学翻译则需传达原文的情感与艺术感染力，掌控多样化的文字风格是翻译人员不可或缺的核心能力之一。

（三）跨语言转换能力的高效性

翻译工作中，翻译人员需要在语言之间快速切换，同时保证信息传递的准确性与连贯性，这种能力尤其在口译中显得至关重要，因为口译需要即时处理大量信息并快速输出目标语言内容。跨语言转换并不仅仅是词语的替换，翻译人员还需要针对文化差异进行灵活调整，以确保译文在目标语境中的可接受性，这一能力要求翻译人员对两种语言文化都有深刻的理解，能够在尊重原意的基础上进行创造性表达。

翻译人员的语言能力是其职业发展的重要基石，不仅需要精准理解原文，还需通过灵活表达与高效转换实现内容的准确传递，通过不断提升语言理解、表达与转换能力，翻译人员才能满足复杂多变的翻译需求，为提供高质量的翻译成果奠定坚实基础。

二、跨文化理解力的培养

（一）跨文化背景知识的积累

翻译人员需要具备丰富的文化背景知识，这包括历史、地理、宗教、风俗等方面的基本信息。语言作为文化的载体，其表达方式常常深受文化特性的影响，翻译人员只有在理解这些背景信息后，才能更准确地传达原文的真正含义。

不同文化之间的价值观、思维模式往往存在显著差异，东方文化注重间接表达和集体意识，而西方文化则更倾向于直接表达和个体独立。翻译人员在处理文化差异时，需要结合具体语境选择合适的表达方式，以避免误解与文化冲突。

（二）文化敏感性的增强

翻译人员在实际工作中经常会遇到带有文化特定性的词汇或短语、习语、成语以及文化隐喻等，这些内容往往难以进行直译。翻译人员需要对这些语言特征保持高度敏感，结合目标语言文化选择等值的表达方式，从而保证译文的流畅与自然。

在翻译过程中，翻译人员需要尽量避免文化偏见和刻板印象的表达，这要求翻译人员对两种文化持开放态度，以尊重和包容的方式对待源文化和目标文化的差异，只有这样才能为文化之间的交流搭建桥梁，而非造成隔阂。

（三）跨文化交际能力的实践应用

翻译不仅是语言的转换过程，更是文化间信息传递的重要途径，在实际操作中翻译人员需要根据源语言的文化意图和目标受众的文化认知，调整语言的表达方式，以确保文化意图能够被准确传递。翻译人员在处理文化信息时，需要结合具体的翻译目的和受众需求，选择适合的翻译策略，在文学翻译中需要保留源文化特性，而在商业翻译中则需要强化目标文化适配性，灵活调整文化信息的呈现方式，是翻译人员的重要能力之一。

（四）跨文化能力的持续提升

翻译人员可以通过不同文化间的比较，发现文化特性的差异和共性，从而深化对源文化和目标文化的理解。文化比较不仅有助于跨文化敏感性，还能增强翻译人员的文化适应能力，为高质量翻译奠定基础。

实际翻译工作为翻译人员提供了丰富的实践机会，翻译人员可以在不断的实践中积累跨文化经验，并逐步形成应对文化差异的有效策略，这种经验积累对于提升翻译质量和职业竞争力至关重要。

跨文化理解力是翻译人员职业素养中的重要组成部分，不仅能够提升翻译质量，还能够促进文化间的交流与理解。翻译人员通过不断积累文化知识、增强文化敏感性，并结合实践经验深化跨文化理解能力，为实现语言和文化的无障碍交流提供了坚实保障。

三、职业道德与责任感

（一）翻译职业道德的基本要求

翻译工作中涉及的文本内容往往包含商业机密、个人隐私以及其他敏感信息。翻译人员必须严格遵守保密协议,不得擅自泄露信息,也不能将翻译内容用于未经授权的用途,以维护委托方的合法权益和翻译职业的信誉。

在多语言交流与翻译中,翻译人员需要始终保持中立立场,不掺杂个人主观偏见,确保翻译内容能够客观呈现原文的真实信息。公平与公正的翻译是建立语言间互信与合作的基础,也体现了翻译职业的核心价值。

(二)翻译责任感的具体体现

翻译人员需要对译文的准确性负责,包括语言表达的清晰度、语法的正确性以及文化内涵的传递。无论是技术性文本还是文学作品,翻译人员都应以高度负责的态度,确保译文达到最高的准确标准。翻译工作通常需要在限定的时间内完成,翻译人员应严格遵守交付时间,同时保证翻译的质量不受时间压力影响,守时与高质量是衡量职业素养的重要标准,也是赢得长期客户信任的关键[①]。

(三)职业道德与责任感的实践路径

职业道德与责任感的实现需要不断地自我学习与能力提升,通过学习先进的翻译方法与工具,翻译人员能够在高效率的基础上提高翻译质量,从而更好地履行自己的职业责任。翻译人员可以通过同行之间的相互评价与合作来提升职业道德水平,社会监督机制的引入、客户反馈或专业组织的评估也有助于确保翻译人员始终遵守职业道德规范。

(四)职业道德与翻译职业发展的关系

翻译行业的健康发展离不开全体从业者的职业道德素养,只有通过严格遵守职业规范与伦理,翻译行业才能获得更多的社会认可,逐步提升整体职业地位与影响力。责任感体现了翻译人员对工作内容的认真态度与高效执行能力,高度责任感能够帮助翻译人员在竞争激烈的行业环境中脱颖而出,同时赢得更多客户和合作机会,为职业发展创造更多可能性。

---

①李星星.基于功能翻译理论的高校英语翻译教育实践探析[J].现代英语,2023(14):104-107.

职业道德与责任感是翻译从业人员专业素养的重要组成部分,不仅直接关系到翻译工作的质量,也决定了行业的健康发展,翻译人员通过培养职业道德意识、增强责任感,能够在提升自身职业素养的同时,为整个行业树立更高的职业标杆和发展方向。

四、翻译人员的自我发展

(一)自我发展意识的建立

翻译行业的快速变化对从业者提出了更高的要求,翻译人员需要根据自身特点和行业发展趋势制定清晰的职业规划,职业规划不仅能够帮助翻译人员明确努力方向,还可以促进职业技能的系统性提升。[1] 翻译行业涉及的内容广泛且不断更新,翻译人员需要保持对新知识和技能的敏锐度,养成持续学习的习惯,通过参加培训、阅读专业书籍以及学习新技术,翻译人员能够有效提升专业能力。

(二)专业能力的不断提高

语言能力是翻译工作的核心,翻译人员需要不断提高语言的表达能力、文化理解能力以及语境适应能力。在日常工作中积累的语言经验可以通过总结和分析进一步深化,从而更好地服务翻译实践。翻译工作往往涉及多个领域的专业知识,翻译人员需要适当拓展专业外的学科知识范围,通过跨学科的知识积累,翻译人员可以更好地处理复杂或技术性较强的翻译任务。

(三)心理素质的优化与培养

翻译行业的高强度工作环境容易导致精神压力,翻译人员需要学会在工作中调整心态,提高抗压能力,通过科学的时间管理和适当的休息,可以在高效完成任务的同时保持良好的精神状态。高质量的翻译作品离不开翻译人员对自身能力的信任,自信心的树立不仅可以提升翻译工作的流畅性,还能在与客户或同行交流中树立个人形象,并提升专业认可度。

---

[1]谢丽琴.高校英语翻译教学理论与翻译技巧探究——评《实用英语翻译》[J].中国教育学刊,2021(10):1.

(四) 职业竞争力的塑造

翻译人员可以通过高质量的翻译作品以及在行业内的专业表现逐步建立个人品牌，在竞争激烈的翻译市场中拥有良好的职业口碑和专业形象可以显著增加职业发展机会。随着翻译行业与科技的深度融合，翻译人员需要快速掌握新兴技术，如计算机辅助翻译工具和机器翻译技术，熟练使用这些技术不仅能够提高翻译效率，还能够增强自身的职业竞争力。

(五) 自我发展的长期性与持续性

翻译人员需要将日常工作视为自我发展的重要环节，通过实践积累经验，并通过反思总结提高自身水平，翻译过程中遇到的问题可以成为学习的契机，从而实现持续提升。翻译人员的成长离不开与同行的交流与合作，通过分享经验和相互学习可以不断完善翻译技能并拓宽职业视野，参加行业内的学术会议或专业论坛有助于了解行业动态并融入翻译职业网络。

翻译人员的自我发展是职业生涯成功的基础，贯穿职业规划、专业能力提升、心理素质优化以及职业竞争力塑造等方面，通过持续努力与自我完善，翻译人员能够在日益变化的行业环境中找到更加明确的定位，并实现个人与职业的双重发展目标。

第二节 翻译从业者的职业规划

一、翻译职业的发展趋势

(一) 全球化背景下的翻译需求增长

随着全球化进程的不断推进，国际的文化、经济和政治交流愈发频繁，对语言服务的需求量也呈现快速增长趋势。在这一背景下，翻译职业的重要性日益突出，成为跨文化沟通的关键桥梁。[①] 传统的书面文本翻译正在被更广泛的翻译领域所补充，如音视频翻译、实时口译和多媒体内容翻译等新兴需求，翻译从业者需要适应服务对象的多元化发展趋势，不断拓宽服务范围。

（二）科技对翻译行业的深远影响

人工智能技术的快速发展使得机器翻译在日常生活和商务场景中得到了广泛应用，尤其在基础翻译任务中展现了较高的效率，翻译从业者需要思考如何在这一技术潮流中保持自身的核心竞争力。CAT工具的普及改变了传统翻译的工作方式，翻译人员可以利用这些工具提高效率并降低重复劳动的强度，在这一背景下熟练掌握这些技术已经成为翻译职业发展的重要前提。

（三）翻译职业的专业化和细分化趋势

随着行业的精细化发展，医学、法律、工程等专业领域对高质量翻译服务的需求量不断增长，翻译从业者需要在掌握基础翻译技能的基础上，深入研究某一领域的专业术语和背景知识。翻译从业者的角色正从传统的语言转换者逐渐扩展为文化协调者和信息管理者，在这一过程中从业者需要具备更高的综合素质和协调能力，以满足市场对职业角色的多元化要求。

（四）翻译行业的国际化发展趋势

翻译服务市场正在从本土化需求向国际化扩展，越来越多的国际项目需要翻译从业者参与其中，这种趋势要求从业者具备国际视野以及熟练的双语能力，能够在不同文化背景下自由切换。[②] 在国际化竞争日益激烈的背景下，拥有国际认证资格的翻译从业者在职业发展中更具竞争力，行业认证和语言能力考试逐渐成为衡量翻译专业水平的重要依据。

[①]游瑞娇.跨文化视角下英语翻译理论研究——评《英语翻译理论的多维度诠释及实践应用》[J].中国高校科技,2022(1):17.
[②]席敬.功能翻译理论下的高校英语教学策略——评《翻译学导论——理论与实践》[J].中国教育学刊,2021(8):1.

(五)翻译职业中的创新与融合

随着数字经济和新媒体的快速发展,电子游戏、社交媒体以及虚拟现实等新兴领域对语言服务的需求逐步增加,翻译从业者需要适应这些新兴领域的发展,掌握相应的技术和行业知识。翻译行业正与文化传播、教育培训以及市场推广等领域产生深度融合,从业者不仅需要传统翻译技能,还需要了解相关领域的运作模式,为客户提供综合性的语言服务解决方案。

翻译职业的发展趋势展现出全球化、科技化、专业化以及国际化的特征。从业者需要紧跟行业变化,不断提升自身能力,以适应职业发展的多样化要求,通过深耕专业领域、掌握科技工具并拓宽文化视野,翻译从业者能够在竞争日益激烈的市场中站稳脚跟,实现个人职业目标与行业价值的双重提升。

二、职业生涯的规划与目标设定

在英语翻译领域中,职业规划不仅是对未来发展的方向指导,更是提高职业竞争力的基础环节。翻译从业者需要科学设定目标,细化每一个阶段的步骤,以实现职业发展的最佳效果。

(一)明确个人的职业定位

职业规划的起点是准确地进行自我定位,翻译从业者需要通过全面的评估明确个人适合的发展方向,这包括分析自身的语言水平、专业领域知识、工作经验、兴趣特长以及在翻译行业中的优势与不足。有的翻译者擅长文学表达,可以定位于文学翻译领域;而擅长专业术语研究的翻译者,则可选择法律、医学等专门领域进行深耕,通过将兴趣与实际能力相结合能够为职业方向提供精准的参考。

(二)制定分阶段的职业目标

职业目标是翻译从业者发展的指南,目标的制定需要具体化、可衡量,并具有阶段性特点。短期目标可设定在未来一至两年内完成某项翻译证书的考试,或者积累特定领域的翻译项目经验；中期目标则可以关注在三到五年内积累一定的作品数量，甚至开始管理翻译团队或参与高难度项目；长期目标则关注于在特定行业或翻译研究领域中获得权威性认可，出版个人译作合集或成为行业协会成员；阶段性目标的设定能够帮助翻译从业者在不同时间段明确努力的方向，并逐步向职业巅峰靠近。

（三）制订行动计划并付诸实践

职业目标设定后，需要将目标细化为具体的行动计划，翻译人员可以按照阶段目标，列出每个阶段的具体执行任务。为实现短期内取得翻译资格认证的目标，可以安排每天固定时间学习考试内容；为积累翻译经验可主动参与翻译项目或在线翻译平台的实际业务；还可以制订清晰的学习计划，按月或季度进行总结和反思，将理论学习与实践翻译相结合，确保每一步都能扎实有效。

（四）加强专业领域的知识储备

在职业发展过程中，专业领域知识的深度和广度直接决定了翻译水平，翻译人员需要持续关注目标领域的最新动态，包括阅读专业领域文献、学习相关术语以及了解目标文化的背景。从事法律翻译的人员应熟悉不同法律体系的核心概念与术语；从事医学翻译的人员需掌握生物学、药物学等基础知识。通过不断更新和扩展知识储备，不仅可以提升翻译作品的准确性，也能够使译者在目标领域中获得更高的专业性评价。

（五）寻求行业资源与建立人脉网络

翻译从业者在职业发展中，应注重拓展人脉和行业资源的积累。加入翻译行业协会、参加专业翻译论坛或参与国际研讨会等活动，是与同行建立联系的重要方式。与出版社、翻译公司、学术机构等合作，可以为职业发展提供更多资源和机会，通过与其他从业人员的交流可以了解行业的最新需求，并且为合作与项目获取提供可能性。

(六) 不断提升技术能力与工具使用水平

随着翻译行业对技术的依赖程度不断提高,掌握翻译相关技术工具已成为职业规划的重要部分。熟练使用翻译辅助工具和语料库,能够大幅提高翻译的效率与质量,学习编程语言或数据分析工具,甚至关注人工智能翻译的发展也可以为自身职业发展带来更多可能性。

(七) 进行定期评估与调整规划

职业规划并不是一成不变的,翻译从业者需要在不同的职业阶段进行定期评估,通过分析过去阶段目标完成情况,发现存在的不足之处,并根据行业需求或个人兴趣的变化调整未来规划。如果发现某个目标难以实现可以适时修改实现路径;如果个人兴趣发生变化,也可以重新定位职业方向,动态调整职业规划更符合实际发展情况。

(八) 强化自我总结与经验积累

职业规划中的目标设定离不开经验的积累与总结,翻译从业者需要在每一项翻译任务后进行总结和反思,通过记录工作中的挑战与解决办法,不断优化翻译技巧;或者通过研究失败案例,避免重复相同的错误。长期坚持反思和总结,有助于从业者提升翻译水平,并为下一阶段目标的实现打下坚实基础。

职业生涯规划是翻译从业者长期发展的基础保障,通过清晰的目标设定与执行,翻译人员能够不断拓展职业边界并实现自身的长足进步。

三、专业知识的不断更新

(一) 行业动态的关注与掌握

翻译行业的知识体系并非静止不变,而是随着社会发展和技术进步不断演变,在当代全球化和信息化的背景下,新的术语、新的表达方式和新的行业需求层出不穷,翻译从业者需要保持对行业动态的密切关注,掌握最新的知识和趋势。在金融领域和科技领域，术语更新速度较快，如果译者对这些新变化不熟悉，将难以完成高质量的翻译任务，为了满足行业要求可以定期阅读专业期刊、行业报告以及国际权威机构发布的标准化术语资料。

翻译行业的变化不仅体现在内容上，还涉及工作方式和工具的革新，诸如人工智能翻译、机器辅助翻译工具和大数据技术的应用，对传统翻译模式产生了重大影响。了解这些工具的工作原理与实际应用场景，不仅可以提升翻译效率，还能帮助从业者在市场竞争中占据优势。[1]

（二）领域知识的深入研究

翻译工作的专业化程度日益提高，特别是法律、医学、工程、金融等领域，对译者的专业背景知识提出了更高的要求，为了更好地满足客户需求，译者需要对特定领域的理论知识和行业规范有深入的了解。在医学翻译中，如果对药物名称、临床试验术语等内容缺乏专业理解，很容易导致误译，从而造成严重后果。在实际操作中，可以选择一个或多个领域作为自己的专业方向，深入研究相关文献和资料，同时通过参与专业培训或获取认证（如法律翻译认证、医学翻译认证）不仅可以提高自身专业水平，还能增强在该领域的信誉和竞争力。

（三）翻译技巧与语言表达能力的提升

翻译技巧不仅涉及语言的转换，更在于跨文化表达的准确性和流畅性，这要求译者不断丰富自己的语言储备，了解词汇的多义性、句式的灵活运用以及不同场景下的表达风格，尤其在文学翻译中如何将情感和艺术性通过目标语言表现出来是对译者能力的极大考验，通过研读经典译作和原著，分析优秀译者的语言处理方式可以进一步掌握语言的微妙之处。定期参加翻译竞赛或翻译研讨会，有助于在实践中发现自身不足，并通过交流学习新的翻译技巧，多样化的语言表达能力不仅能够提升译文质量，还能够为职业生涯的发展提供更多机会。

---

[1] 王冰.高校英语翻译理论与实践研究——评《英语翻译与语言学》[J].中国高校科技,2021(10):107.

（四）跨学科知识的扩展与应用

随着翻译需求的多样化，译者的知识领域不仅包括语言和文化，还需要与科技、经济、法律、教育等多领域知识相结合。跨学科能力是当代翻译人员的重要竞争力之一，在科技翻译中需要了解相关设备或软件的功能和工作原理，而在文学翻译中，则需要掌握历史背景和文学流派的特点。可以通过在线课程、行业论坛和跨学科研究项目，拓展自身的知识储备，并将这些知识应用到实际翻译任务中，在跨学科应用中译者还需要注意语言和专业知识的平衡，既要准确表达术语，又要保证语言流畅和目标读者易于理解。

（五）终身学习理念的实践

翻译行业的职业发展与终身学习密不可分，持续的学习不仅是应对行业变化的必要手段，也是提升职业竞争力的重要方式，知识的积累和更新是一个长期过程，需要从业者投入时间和精力，制订系统化的学习计划。

为实现终身学习，可以制定短期目标和长期计划，每季度完成一门课程学习或每年参加一次专业认证考试。在线学习平台、行业交流会和翻译协会活动都为译者提供了丰富的学习资源，通过记录学习过程和工作成果，总结经验并不断改进也能为职业发展提供可靠的支撑。

（六）国际视野的开阔与文化理解

国际化进程的加快，使翻译工作日益强调跨文化交流能力和全球视野的拓展，掌握国际社会的文化习惯、语言规范和交流方式，是实现高质量翻译不可或缺的条件，在翻译任务中如果忽视目标受众的文化背景会导致翻译内容不被接受甚至产生误解。译者可以通过参加国际翻译组织的活动、参与海外学习或工作项目，增强对不同文化的理解，在翻译过程中面对文化差异，能够用更加包容和多元的视角分析和解决问题不仅可以提升译文质量，还能为译者的职业发展提供更广阔的空间。

(七) 理论知识与实践能力的结合

专业知识的更新不仅包括理论层面的学习，还需要结合实践经验加以应用和验证，翻译理论能够为实际操作提供方向和方法，而实践则是理论知识落地的关键途径。在翻译前对文本类型、目标受众和文化背景的分析可以有效避免翻译偏差和文化不适。译者在实践中可以建立个人的案例库，分析不同类型翻译任务中的难点和解决方案，从而形成系统化的知识体系。理论与实践相结合不仅能够提升翻译效率和质量，还能够帮助译者更好地适应市场需求，为职业发展奠定坚实基础。

专业知识的不断更新是翻译从业者职业发展的核心环节之一，这不仅包括语言能力的提升和行业知识的积累还涵盖了跨学科能力、国际视野以及终身学习理念的实践，在知识快速更迭的时代，只有持续学习和更新才能保持职业竞争力并实现更大的发展目标。

四、翻译与其他职业的结合

(一) 翻译与教育行业的结合

语言翻译与教育行业有着天然的联系，特别是在语言教学中，翻译被广泛用作语言学习的辅助工具。[1] 翻译从业者可以通过与教育领域相结合，发挥语言和文化的双重优势，在语言课程的设计中融入翻译实践环节能够提高学生的语言表达能力和文化理解水平。翻译人员也可以参与教材的编写和语言测试题的设计，为教育领域提供更具文化深度的语言材料，与教育行业的结合不仅拓展了翻译从业者的职业发展方向，还为教育质量的提升提供了专业支持。

(二) 翻译在文化传播中的作用

文化传播是翻译的重要应用领域，特别是在国际文化交流中，翻译起到了桥梁的作用。翻译人员可以通过文学翻译、影视字幕翻译以及艺术品说明翻译等方

---

[1] 李引.基于翻译理论英语翻译的能力培养[J].大众标准化,2021(13):3.

式，将本国文化传播到海外，同时也帮助引进外来文化作品，文化传播中不仅要求语言的精准，还需要对文化背景的深刻理解。在文学翻译中，需要准确传递作品的情感和文化内涵；而在电影字幕翻译中，则需要平衡语言简洁和情感表达的完整性，通过参与文化传播，翻译从业者能够将语言技巧与文化知识结合，为国际交流做出重要贡献。

（三）翻译与商业领域的结合

在国际化进程中，商业领域对翻译服务的需求日益增加。翻译人员不仅需要完成合同、报告等正式文件的翻译，还需要参与广告文案、市场分析报告和品牌宣传资料的本地化工作。商业翻译的特点在于语言需要符合目标市场的文化习惯，同时表达必须具有吸引力和说服力。品牌宣传语的翻译需要兼顾目标语言的美感和原文的营销目的，而市场调查数据的翻译则需要保持逻辑清晰和数据准确。商业翻译要求译者具备语言能力的同时，对商业模式和市场规律有一定了解，从而提供更加契合客户需求的服务。

（四）翻译与科技领域的结合

随着科技的迅猛发展，翻译在科技领域的应用变得日益广泛，科技翻译涵盖技术文档、用户手册、专利说明书等内容，对语言的精准性和专业性要求极高，翻译从业者需要掌握相关技术领域的术语和工作原理，以确保译文能够清晰传达信息。在人工智能、大数据和区块链等新兴领域，技术翻译的需求逐步扩大，为翻译人员提供了更多的职业选择，在实际工作中译者可以参与科技产品的本地化、技术支持文档的编写以及相关科研成果的翻译与推广，科技翻译不仅是语言能力的体现，更是跨学科知识与实践能力的综合应用。

（五）翻译与旅游行业的结合

旅游行业是语言服务的重要需求方之一，翻译在旅游行业中主要体现在导览词、旅游手册、网站内容以及文化遗址说明等方面的本地化服务，优秀的翻译能够提升游客的体验感，帮助目标受众更好地理解旅游目的地的文化内涵。在翻译文化遗址说明时不仅要保证内容的准确性，还要用简洁生动的语言吸引游客的兴趣。随着全球旅游市场的扩大，翻译从业者可以在旅游公司、景区管理机构以及跨境旅游平台中找到更多的职业机会，通过结合翻译与旅游行业拓宽职业发展路径。

（六）翻译在国际政治与外交中的角色

国际政治和外交是翻译的传统应用领域之一，特别是在国际会议、外交谈判和政策文件中，翻译的作用尤为重要，外交翻译强调语言的精准与中立，任何翻译失误都会引发严重的后果。在这一领域，翻译人员不仅需要扎实的语言功底，还需要了解国际关系和政治背景。在国际条约翻译中，法律术语的准确性和条款内容的忠实性是确保条约执行的重要前提，通过在国际组织或政府机构中从事翻译工作，译者不仅能发挥语言特长，还能参与全球事务的决策过程。

（七）翻译与媒体行业的融合

媒体行业对翻译服务的需求主要集中在新闻、访谈、纪录片以及娱乐节目的本地化工作中。媒体翻译需要同时兼顾语言的准确性与表达的流畅性。在新闻翻译中，要求译文能够快速传递信息，同时保持语言简洁和中立；而在娱乐节目字幕翻译中，则需要捕捉幽默和文化暗示的意义，以便目标受众能够更好地理解原作意图。媒体翻译对语言能力和文化理解的综合要求较高，为翻译人员提供了展示多方面能力的舞台。

（八）翻译与法律行业的结合

法律翻译包括合同翻译、法律声明、诉讼文件和国际条约的翻译，是翻译领域中技术性最强的方向之一，法律翻译强调严谨性与准确性，译者需要对法律条文的逻辑关系和专业术语有深入的理解。在翻译国际贸易合同时需要了解双方法律体系的差异，并在翻译过程中做出适当调整，以确保合同的执行力，通过与法律行业的结合，翻译从业者能够进一步提升专业知识水平，并在高度专业化的领域中获取更多职业机会。

翻译与其他职业的结合不仅拓宽了翻译行业的应用范围，也为翻译从业者提供了更加多元化的职业选择，无论是与教育、商业、科技还是文化等领域的融合，翻译从业者都能通过跨领域的实践积累更多的经验和能力，在提升职业竞争力的同时为社会发展贡献独特的价值。

第三节 翻译行业的市场需求分析

一、翻译市场的需求变化

（一）全球化推动语言服务的增长

随着全球化的深入发展，国际贸易、文化交流以及多边合作的日益频繁，各国之间的语言沟通需求显著增加，跨国公司在进行产品推广和市场扩展时，需要依赖翻译服务将信息精准地传递给不同语言背景的消费者。这一变化不仅体现在产品说明书的翻译上，还包括广告文案、市场研究报告以及客户支持服务的本地化翻译，在这一背景下翻译市场正在不断扩展，语言服务成为跨国合作和商业运营的核心环节之一。

（二）技术发展与语言需求的多样化

技术的迅速发展，特别是互联网、人工智能和区块链等新兴技术的应用，推动了翻译行业的转型与升级，伴随这些新领域的兴起，翻译需求已经超越传统的文件和文献翻译，开始涵盖技术文档、用户界面设计、本地化软件的开发以及多语言数据的处理。多样化的需求促使翻译从业者不得不不断适应技术发展带来的新变化，并通过技能的提升满足市场的多样化要求，这一变化不仅扩展了翻译的应用领域，也提高了翻译行业的专业化程度。

（三）社交媒体和数字营销的影响

随着社交媒体的普及和数字营销模式的流行，各类品牌和企业对多语言内容的需求呈现爆发式增长。从社交媒体的动态内容到多语言广告投放，翻译市场在数字化进程中发挥着越来越重要的作用。社交媒体内容的翻译与传统翻译不同，需要更加灵活的语言表达，以便更好地适应目标受众的文化背景和表达习惯。数字化营销趋势带来的语言服务需求变化不仅促进了翻译行业的发展，还提升了对翻译从业者创新能力和文化敏感度的要求。

（四）公共服务与政策沟通的多语言化需求

在国际组织、非政府组织以及多语种社区中，公共服务和政策沟通的多语言化需求日益增加。国际会议的同声传译、政策文件的翻译以及各类社会公益活动的语言服务，已经成为翻译市场的重要组成部分，这类翻译需求的增加不仅体现了语言服务的社会价值，还为翻译从业者提供了更多涉及公共领域的职业机会。在面对复杂的政策术语和社会问题时，译者需要兼具语言能力与专业知识，从而保障翻译质量。

（五）医疗与生命科学领域的崛起

医疗与生命科学领域的快速发展对翻译行业提出了新的要求，特别是在国际科研合作、跨国药品注册和医疗设备出口等方面，专业的医学翻译成为不可或缺的一部分。医学翻译对术语的准确性和内容的严谨性要求极高，从药品说明书到研究报告，翻译人员需要在保留原意的基础上确保医学术语的精确表达。随着全球公共卫生问题的复杂化和国际合作的加深，医学翻译在市场中的比重持续上升，成为翻译行业的重要增长点。

（六）娱乐与文化产业的国际化

随着流媒体平台的兴起和国际影视作品的传播，娱乐与文化产业中的翻译需求呈现快速增长的趋势，无论是影视字幕、文学作品还是游戏本地化，翻译服务在跨文化传播中都发挥着重要作用。特别是在游戏和影视领域，翻译不仅需要传递内容，还需要准确捕捉文化暗示和情感表达，从而提高受众的体验感；娱乐与文化翻译市场的繁荣为翻译从业者提供了更多富有创造性的职业发展机会，同时也推动了翻译市场向更加多元化的方向发展。

(七) 政策变化对翻译市场的影响

各国移民政策和对外交流政策的调整,也直接影响了翻译市场的需求,在移民服务领域,签证材料、移民法律文件以及教育认证等都需要翻译服务的参与。政策变化往往伴随着法律文本和程序说明的更新,这为翻译从业者提供了稳定的需求来源,特别是在跨文化交流日益频繁的背景下翻译服务不仅在政策实施中扮演重要角色,还能够帮助国际社会更好地实现沟通与合作。

(八) 本地化需求的深入发展

需求的持续增长是翻译市场变化的重要体现之一,从电子商务平台的多语言支持到跨国软件的本地化开发,翻译人员在将产品和服务适配目标市场的过程中,发挥着不可替代的作用,本地化翻译不仅涉及语言转换,还需要深刻理解目标文化的特性和消费者的行为习惯。随着更多企业将本地化作为全球战略的重要部分,翻译市场对本地化服务的需求将持续扩大,并为翻译从业者创造更多发展空间。

(九) 知识产权保护与国际法律协作的推动

知识产权保护与国际法律协作的加强,使得翻译在专利文件、法律合同以及争议解决中的作用愈发重要,这类文件的翻译对语言精确性和法律理解能力要求极高,同时需要遵循特定的格式和术语规范。随着全球化带来的跨国商业和法律事务的增加,法律翻译和知识产权翻译的市场需求稳步上升,为具备法律知识的翻译从业者提供了更多专业化的发展机会。

翻译市场的需求变化不仅反映了社会的多元化发展,还揭示了不同领域对翻译服务的深刻依赖。从全球化的推动到技术发展的驱动,翻译行业在持续变化的市场环境中展现出强大的适应能力与扩展潜力,翻译从业者需要不断更新技能,适应市场需求的变化,在新兴领域和传统领域之间找到平衡,以更好地迎接职业发展的挑战与机遇。

二、不同领域的翻译需求

（一）法律与金融领域的翻译需求

在法律和金融领域，翻译需求的增长与国际化进程密切相关，法律文件、合同协议、政策法规以及审计报告等文件需要准确传递原文内容，稍有偏差便可能导致重大误解或法律后果。金融领域的年报翻译需要确保数据、术语以及表达的高度一致性，翻译人员必须熟悉金融行业的术语与规范；法律领域的翻译通常需要严格按照原文句式结构翻译，同时精准传递每一个法律术语的内涵，具备法律或金融背景的翻译从业者在这些领域有着广阔的发展空间。

（二）医学与生命科学领域的翻译需求

医学与生命科学领域是近年来翻译市场中需求增长最快的领域之一，药品说明书、临床试验报告、医学研究论文以及医疗设备操作指南等材料的翻译，对专业术语的准确性要求极高。医学翻译不仅需要传递内容，更需要体现专业性，如"adverse events"需精确翻译为"副作用"而非"意外事件"，否则将造成重大误解，全球医疗合作和国际化药品监管政策的推进进一步提升了医学翻译的市场需求。

（三）科技与工程领域的翻译需求

科技与工程领域的翻译强调技术术语的准确性和信息的逻辑性，常见材料包括技术手册、专利文件、工程图纸注释以及科技论文等，翻译人员需要理解工程和技术的核心概念，同时熟练运用目标语言中相应的技术术语。某些专有名词或缩写，如"CNC machine"，在目标语言中没有直接对应的术语，需要结合上下文合理翻译为"数控机床"，随着科技发展和国际工程合作的深入，翻译需求在科技和工程领域的覆盖面越来越广。

（四）文学与文化领域的翻译需求

文学与文化领域的翻译不仅要求准确传递信息，还要求高度重视艺术性和文化内涵，文学作品、影视剧本、歌词以及文艺评论的翻译需要兼顾原文的情感表达和艺术风格。将莎士比亚的诗歌翻译为目标语言时需要保持其韵律和节奏，同时传递原文的深刻情感；文化翻译中涉及跨文化传播的内容尤为复杂，翻译人员需要具备对目标文化的深刻理解，才能有效完成语言的转换。

（五）教育与学术领域的翻译需求

教育与学术领域的翻译包括教材、研究论文、学术报告、教育政策等内容的翻译，此类翻译需要在语言表达上既清晰又准确，避免因文化差异或专业术语的误用而造成误解。学术论文中的"hypothesis"应翻译为"假设"，而非"猜想"，以保持学术表述的严谨性。随着全球学术交流的日益频繁，翻译需求在教育和学术领域持续增长，在国际教育合作项目和学术会议中尤为突出。

（六）商业与市场营销领域的翻译需求

商业与市场营销领域的翻译强调灵活性与创新性，常见内容包括广告文案、品牌宣传资料、市场调研报告等，翻译人员不仅需要传递信息，还需要结合目标市场的文化特点进行本地化处理。广告语"Just Do It"在翻译时需要根据文化差异进行调整，以保证其吸引力和文化适应性，这种创译的需求使得商业与市场营销领域的翻译成为一项既具挑战性又充满创造力的工作。

（七）公共服务与社会领域的翻译需求

公共服务与社会领域的翻译需求涵盖了政府政策宣传、公共信息发布、多语言社区服务等内容。移民政策、灾害预警信息以及公共卫生教育材料的翻译，需要以目标语言准确传递信息，同时兼顾目标人群的语言水平和文化背景，在突发公共卫生事件中翻译的准确性和清晰度直接影响着信息的有效传递和执行效果。

翻译需求在不同领域的特征各异，每个领域都有其独特的翻译要求和挑战，翻译从业者需要根据目标领域的具体需求，不断提升自身的专业技能与文化适应能力以应对多样化的翻译任务并满足市场需求的变化趋势（表6-1）。

表 6-1　不同领域翻译需求对比表

领域	常见翻译内容	主要特点
法律与金融领域	合同、政策法规、审计报告	术语精确，逻辑严谨
医学与生命科学领域	药品说明书、临床报告、医学论文	高度专业，术语准确
科技与工程领域	技术手册、工程图纸、专利文件	信息逻辑性强，技术术语使用规范
文学与文化领域	文学作品、剧本、文艺评论	注重情感与艺术性，兼顾文化内涵
教育与学术领域	教材、论文、学术报告	语言严谨，术语清晰
商业与市场营销领域	广告文案、品牌宣传、市场调研报告	强调创意，注重文化适应性
公共服务与社会领域	政策宣传、公共信息、社区服务材料	信息传递高效，语言适应目标群体

三、自由职业与企业翻译岗位

（一）自由职业翻译的特点与优势

自由职业翻译在时间与工作安排上具备灵活性，能够根据个人能力选择接单类型与数量，对于具备较强业务能力的译者，自由职业可以提供较高的收入水平，尤其是在处理高质量、专业化的项目时。与企业翻译不同，自由职业者需要具备一定的市场敏锐度与客户开发能力，以保证持续的项目来源，自由职业译者通常在接受任务时更注重选择符合自身专业背景的领域，从而提高效率与翻译质量。自由职业翻译的一个显著优势在于多样性，接触到的内容涉及多个领域，如技术文档、文学翻译以及市场营销材料，通过多样化的翻译任务，自由职业译者能够不断丰富专业知识，并在工作中积累宝贵经验，自由职业翻译也面临着无固定收入来源的挑战，特别是市场竞争激烈的情况下。

（二）企业翻译岗位的稳定性与专业化

企业翻译岗位提供了较高的稳定性与职业保障，与自由职业相比，企业翻译可以依靠固定薪资收入以及相关福利制度，为职业发展提供较为稳固的基础。大多数企业翻译主要集中在法律、金融以及高端技术领域,译者需要具备扎实的专业能力以应对日常工作中的复杂文档翻译需求,在企业中翻译任务通常涉及团队协作,通过与其他译者或相关人员的沟通可以进一步提高译文质量。企业翻译岗位的工作内容相对集中,更倾向于专注某一特定领域的翻译需求,长期的专业化任务可以使译者深入理解行业术语与背景知识。翻译内容的重复性较高,会导致译者感到工作单一,缺乏挑战性,因此在企业岗位上从事翻译的人员需要积极拓展专业技能,通过学习与培训保持职业竞争力。

(三)自由职业与企业翻译岗位的对比

自由职业与企业翻译在工作模式与职业发展上存在显著差异,译者可以根据自身情况选择适合的职业路径。对于追求灵活工作方式与多样化项目的人,自由职业提供了更高的自由度与自主性,而企业翻译则适合注重职业稳定性与深耕专业领域的人员。两者的共同点在于都需要高水平的语言能力与翻译技巧,并通过持续学习与实践提升职业素养。自由职业翻译需要注重市场推广能力与客户管理,尤其是在接触跨国客户时,需熟悉国际翻译市场的规则与惯例,而企业翻译则更注重团队协作能力与执行力,在完成项目的过程中能够有效配合其他团队成员,并严格遵守工作规范与时间要求。两种岗位形式各具特点,译者可以根据职业发展需求,适时调整方向,探索更适合自身发展的路径。

(四)对译者发展的启示

无论是选择自由职业还是企业翻译岗位,译者都需要具备清晰的职业目标与规划意识。在自由职业领域,应加强与客户的沟通能力,建立长期合作关系,并通过持续学习掌握新领域的知识,从而提升市场竞争力,在企业岗位中译者需要注重在特定行业中的专业化发展,同时保持灵活性以应对翻译需求的变化与挑战。在职业发展中,自由职业与企业翻译岗位可以相辅相成,译者可以在不同阶段根据个人需求灵活切换。在职业初期进入企业岗位积累经验,中后期转向自由职业或兼职翻译,以丰富工作内容与提升职业自由度,这种多元化的职业路径将助力译者实现长期的职业发展目标。

四、翻译市场的竞争与挑战

(一) 市场需求的增长与竞争加剧

全球化的加速推动了国际交流的频繁进行,翻译市场的需求随之不断增长,然而市场需求的增长并未带来译者工作压力的减轻,反而使竞争更加激烈。无论是自由职业翻译还是企业翻译,译者都需要面对来自新兴译者、翻译技术和国际市场参与者的多重竞争。随着市场中译者数量的持续增加,仅具备基础翻译能力已无法满足竞争要求,专业化和多元化能力成为译者脱颖而出的核心要素。激烈的市场竞争对翻译质量提出了更高要求,客户对精准表达和快速交付的期待使译者不得不提升工作效率并追求更高的专业水平,在面对客户的高期望值时如何以优质的翻译结果赢得客户信任成为译者的重要挑战之一。

(二) 翻译技术的普及与竞争格局的变化

翻译技术的快速发展对市场竞争格局产生了深远影响,尤其是机器翻译和计算机辅助翻译工具的广泛应用,这些工具的高效率和低成本使其在翻译行业迅速普及,但也导致了传统翻译工作的逐步细化与分化。对于从事通用性内容翻译的译者,面临着来自翻译技术的直接威胁,高端专业化翻译市场成为技术无法完全替代的核心领域。翻译技术的普及迫使译者不断适应新的工具与技术环境,提升对翻译软件的熟练掌握程度。技术的普及虽然降低了低端翻译市场的门槛,但也给高端翻译市场创造了更多精细化分工的机会,如何在技术进步的浪潮中定位自身成为译者必须解决的战略性问题。

(三) 多语种与跨领域翻译的挑战

随着市场对多语种翻译需求的逐渐扩大,单一语言方向的译者面临着更大的职业发展瓶颈。多语种能力的培养成为译者提升市场竞争力的重要途径之一,而这种能力的获得往往需要长期的语言积累和专业学习,同时跨领域翻译的需求也在增长,尤其是在技术、法律和医学等高专业性领域,译者需要具备深厚的行业背景知识。高端领域翻译,要求译者不仅要熟练掌握语言表达,还需了解行业术语与背景知识,译者若缺乏多领域知识储备,将难以满足客户对翻译质量的高标准要求,如何平衡深度专业化与多语种能力的发展是译者职业成长中亟须解决的重要问题。

(四)价格竞争与价值导向的矛盾

翻译市场中价格竞争的激烈程度使许多译者感受到生存压力,尤其是在自由职业翻译领域,低价竞争导致整体市场价格水平下降,影响了翻译工作的实际收益。价格竞争的背后反映了客户对翻译价值的认知偏差,部分客户倾向于以价格作为选择译者的首要标准,而忽视翻译质量的重要性。译者在面对价格竞争时需要通过提升翻译质量和专业服务水平,向客户传递高价值翻译的概念,与客户建立长期合作关系并通过案例展示和客户反馈,逐步引导市场形成质量导向的价值认同,缓和价格竞争与价值塑造之间的矛盾是翻译市场发展的重要课题。

翻译行业的竞争与挑战既是压力也是推动发展的动力,译者只有在竞争中不断突破自我才能在市场中站稳脚跟并获得长远发展。

第四节 提高职业竞争力的途径

一、专业证书与资格认证

(一)专业证书的重要性

在翻译行业中,专业证书不仅代表着译者的职业能力,还在一定程度上成为译者职业发展的敲门砖,雇主或客户在选择翻译服务时通常会更倾向于信任持有权威认证的译者,这种信任源于认证机构对翻译能力的评估权威性。国际知名的翻译认证,如美国翻译协会(ATA)的认证考试或英国特许语言学家学会(CIOL)的翻译资格认证,均在全球范围内享有较高的声誉,获得这些证书的译者往往能够在激烈的竞争中脱颖而出，成为客户和雇主优先考虑的合作对象。翻译证书不仅是能力的象征，同时也是译者专业化的体现，尤其在法律、医学或技术翻译等特定领域，行业标准要求译者具备针对该领域的专业认证，在这种情况下，相关证书不仅能增强译者的市场竞争力，还能提高服务报价水平。

（二）不同类型认证的特点

翻译领域的认证种类丰富，既有全球通用的翻译资质认证，也有特定行业或地区内具有针对性的证书。ATA认证考试注重对翻译技能的全面评估，包括词汇运用、语法准确性和语义传递能力，通过此类认证，译者能够获得国际认可的翻译资质，在跨国项目中占据优势。与此相对，地区性认证更关注当地语言和文化的特点，中国翻译协会（TAC）认证对汉英翻译的独特需求有更深的理解，同时覆盖了国内翻译市场的特定需求。特定领域认证，如联合国或欧盟的翻译考试，更多强调译者在政治、经济和法律领域的翻译能力，这些认证往往面向高级翻译人才，对考试通过率的要求也更为严格。

（三）获得认证的准备过程

获得权威认证通常需要长期的知识积累与针对性的考试准备，这要求译者具备扎实的语言能力和领域知识，备考过程既是对译者翻译技巧的检验，也是提升自身能力的一种有效方式。以ATA认证为例，考生需具备优秀的双语能力，并能够根据语境合理调整语言结构，同时准确表达原文含义。考生在备考阶段应注重提升术语的掌握和翻译的精准性，通过参与专业培训课程或加入翻译实习项目可以快速弥补自身薄弱环节，与其他考生交流或加入备考群体也能有效获取备考经验和参考资料，帮助制订更有针对性的学习计划。

（四）认证与职业发展的关系

获得专业证书后，译者在职业发展中可以享受多种优势，持证译者能够获得更多的工作机会并有更高的服务议价能力。对于自由职业者来说，证书成为吸引客户的重要标志，通过展示认证资质能够快速赢得客户的信任，提升自身在行业中的影响力。企业翻译人员持有相关证书可以更容易获得晋升或加薪的机会，在许多跨国公司或国际组织中，翻译岗位对专业资质的要求尤为严格，持证译者往往能够接触到更复杂且高报酬的项目，这不仅体现了证书的价值，也展示了认证在职业发展中的重要地位。

（五）认证后的持续提升

获得证书并不意味着职业发展的终点，而是新的起点，译者需要持续更新专业知识和翻译技能以应对行业需求的快速变化。定期参加翻译行业的研讨会、论坛或继续教育课程可以帮助译者保持对行业动态的敏感性，同时为职业发展开辟新的路径。翻译行业对专业知识的要求不断提升，仅依赖现有证书和技能难以满足长期职业发展的需求，因此译者需要根据市场趋势，不断学习新领域知识并获得更多领域认证，通过这种方式能够在专业化与多元化之间找到平衡，进一步巩固自身的竞争优势。

二、网络平台与自我推广

（一）网络平台在翻译职业中的作用

网络平台为翻译从业者提供了展示能力和拓展业务的多维度渠道，不仅扩大了职业发展的空间，还优化了工作模式。在线翻译市场日益壮大，大量自由译者通过网络平台连接客户大幅降低了地域限制，同时提升了资源对接效率，在网络平台的支持下译者可以将个人履历、翻译作品及相关资质全面展示给潜在客户，提升了职业曝光率。通过网络平台进行推广，译者可以根据行业特点选择合适的渠道，专业翻译类平台通常聚集了大量企业客户和高质量项目，而综合性自由职业平台则适合初级译者积累经验，同时社交媒体也为翻译职业的传播提供了便利，通过日常内容更新和互动能够提升职业品牌的可信度与影响力。

（二）构建个性化职业形象的策略

在网络平台上推广翻译服务时，职业形象的个性化展示尤为重要，这不仅有助于在竞争激烈的市场中脱颖而出还能吸引目标客户的关注，职业形象的塑造应当突出译者的专业优势，同时保持语言表达的规范性和一致性。职业简历需要条理清晰地体现翻译经验、专业领域和核心技能，并附上已完成项目的具体案例和客户评价。简历的设计应当简洁美观，文字表达需要简练而不失重点，在个人主页或社交账号中可以通过发布行业动态、专业知识或翻译技巧来展示专业深度和行业敏感度，从而吸引客户并赢得信任。

（三）优化线上内容与客户沟通的技巧

在网络平台进行自我推广的过程中，线上内容的质量与客户沟通的技巧直接影响潜在项目的获取。高质量的线上内容需要紧扣翻译行业的热点问题，避免空洞无物的表达，并以案例分析或数据支持增强说服力，通过发布翻译技巧或行业趋势的原创内容可以不断积累关注度并建立专业形象。客户沟通需要注重及时性和高效性，同时保证语言的礼貌性与专业性，面对客户的询问时应根据具体需求快速提供清晰而有针对性的解答，必要时还可以附加翻译方案建议或初步报价。在谈判过程中，沟通语气需要兼顾礼貌与坚定，确保客户能够感受到译者的专业能力与合作意愿。

（四）网络推广中的潜在风险与应对方法

在网络平台进行自我推广时，译者需要警惕虚假项目和不合理需求等潜在风险。虚假项目通常以超低价格吸引译者，但在项目完成后客户逃避支付或以各种理由拖延结款，应对这种情况时译者可以通过平台的信誉体系筛选优质客户，同时明确合作流程和支付方式。过于频繁的低价推广会损害职业形象，导致客户对译者的专业能力产生怀疑，合理定价和精准定位目标客户群体有助于避免陷入价格战的恶性循环，同时保持专业水准与职业尊严，对于侵权或信息泄露等风险可以通过使用专业的翻译管理工具或合同条款保障权益。

（五）社交媒体在职业推广中的价值

社交媒体以其便捷性和广泛的用户覆盖率，成为翻译从业者推广自我与提升知名度的重要工具。在社交媒体上建立职业账号并定期更新内容，可以帮助译者形成长期的品牌效应，发布专业观点、分享成功案例或参与行业讨论不仅能够增加粉丝数量，还能够获得潜在合作机会。社交媒体平台的互动性使得译者能够与客户直接建立联系，通过回复评论或私信互动，可以及时了解客户的需求并提供定制化的服务，社交媒体的精准推荐算法也能够根据用户兴趣推送内容，进一步扩大职业影响力。

（六）衡量推广效果与持续优化策略

网络平台与自我推广的效果需要通过一系列指标进行科学评估，客户转化率、项目完成量和客户回头率等数据，可以直观地反映推广工作的实际成效，在推广过程中定期总结经验并调整策略能够不断提升职业发展效率。针对推广内容的优化可以尝试不同类型的内容或传播形式，以测试客户的偏好，通过数据分析工具了解内容的点击量、分享量等指标可以帮助译者掌握目标客户的需求特点，并据此调整内容方向，关注行业变化并结合市场热点更新推广内容也有助于保持职业品牌的新鲜感和吸引力。

（七）未来网络平台对翻译职业的潜在影响

随着数字化与人工智能的快速发展，网络平台在翻译职业中的作用将进一步扩大，未来的网络平台将更加强调智能化管理与精准化匹配，为翻译从业者提供更高效的资源对接方式，这要求译者能够熟练使用平台工具，同时保持专业素养，以应对更加多元化的市场需求。网络平台的竞争环境也会愈加激烈，译者需要通过不断提升服务质量与完善职业形象来巩固市场地位，定期参与平台的培训活动或认证考试不仅能够增强职业能力，还可以借助平台资源开拓更多高端客户。

三、提高软技能与人际沟通能力

（一）软技能对翻译职业发展的重要性

软技能在翻译职业中起到了不可或缺的作用，与语言能力和专业知识相辅相成，翻译从业者不仅需要处理文字本身，还要与客户、团队以及其他相关方保持良好的合作关系。软技能的提升能够帮助翻译人员更好地应对复杂的沟通环境，同时提高服务质量与客户满意度，沟通能力、时间管理、团队协作以及情绪调节等方面的软技能对于提升职业发展潜力具有深远意义。

（二）沟通能力在职业竞争力中的体现

良好的沟通能力是翻译从业者赢得客户信任和建立长久合作关系的重要基础。客户在阐述需求时翻译人员需要精准把握其核心意图，避免因信息理解偏差而导致翻译成果偏离预期；同时在与客户进行价格、交付时间和项目范围等细节的协商中，清晰而有礼貌的沟通方式能够有效减少误解，营造良好的合作氛围。在团队项目中，翻译人员需要与编辑、审校人员或其他翻译同事保持高效的沟通。在项目执行过程中定期反馈工作进展并讨论问题解决方案，不仅能确保项目按时完成还能提升团队整体的协作效率；以清晰、直观的方式表达意见，既是专业素养的体现也能够在合作中建立个人信誉。

（三）时间管理能力与工作效率的关系

时间管理能力是翻译从业者优化工作效率、平衡多个任务的重要手段，在面对多项目并行或紧急任务时合理分配时间并设定优先级能够显著提高工作效率，同时降低因拖延而导致的客户不满风险，翻译人员可以使用甘特图或日程表等专业的任务管理工具来规划每日、每周或每月的任务安排。在时间管理的过程中还需灵活应对突发状况并做好调整，当客户提出额外需求或修改意见时，翻译人员需要快速判断其优先级并重新分配资源以确保整体进度不受影响，高效的时间管理不仅体现了职业能力，也能够为客户提供更高质量的服务体验。

（四）团队协作能力在翻译项目中的实践

团队协作能力是翻译行业中尤为重要的软技能，特别是在涉及大规模文档或多语种项目时。翻译人员需要与团队成员协调任务分配、校对规范以及交付标准，以确保译文风格和内容的一致性，在团队协作中倾听他人意见、尊重不同观点并提出建设性建议是维持高效合作的重要策略。在跨文化翻译项目中，团队成员来自不同的语言背景或文化环境，这要求翻译人员具备高度的适应能力，通过与其他成员共享经验或提供帮助可以增强团队凝聚力并为项目带来更多视角，团队协作不仅提高了翻译效率也能帮助个人在合作中学习并成长。

（五）情绪管理对职业表现的影响

情绪管理能力是翻译从业者在压力环境中保持高效工作状态的重要保障，翻译工作常常需要面对紧迫的交付期限、高强度的任务量以及客户的反馈压力，情绪管理能力可以帮助译者有效缓解焦虑、减少失误并提高专注度，通过合理的休息、适当的运动或心理调节可以改善情绪状态，进而提高工作表现。在与客户或团队的互动中，情绪管理能力能够帮助翻译人员以冷静和专业的态度解决问题，当客户对译文提出不合理的修改要求时译者需要控制情绪并以理性方式沟通，既维护自身权益又不破坏合作关系，情绪管理能力不仅体现了职业素养也为长期职业发展奠定了基础。

（六）文化敏感性在跨文化沟通中的作用

翻译职业需要经常与不同文化背景的客户或团队成员进行沟通，这对文化敏感性提出了较高的要求。文化敏感性是指能够理解并尊重他人文化特点的能力，拥有文化敏感性不仅能够减少跨文化交流中的误解，还能帮助翻译人员更好地适应国际化的工作环境。在翻译项目中，文化敏感性可以体现在与客户讨论本地化需求时对其文化特点的准确理解，在进行广告文案翻译时译者需要根据目标受众的文化习惯选择合适的表达方式，而不是简单沿用原文结构，通过展示对客户文化的尊重与理解可以提升项目的成功率并加强双方的信任关系。

（七）持续学习与软技能的全面发展

软技能的提升是一个持续的过程，需要通过实践与学习不断积累经验，翻译人员可以通过参加专业培训或行业研讨会来提升沟通能力、时间管理能力和团队协作能力，利用线上课程或阅读相关书籍也是学习和发展的有效途径。在日常工作中，翻译人员应善于总结经验教训并持续改进，在完成一个复杂项目后可以通过回顾整个过程，分析自身在沟通、管理和协作中的不足并制订改进计划，通过持续学习和自我反思，软技能的提升将成为翻译人员长期发展的有力保障。

（八）软技能对职业竞争力的全面影响

软技能不仅能够提高翻译从业者的职业竞争力，还能够帮助其在快速变化的市场环境中保持适应性与灵活性，良好的软技能不仅能优化日常工作效率还能提升客户的满意度与信任度。未来，随着翻译行业的进一步发展，软技能的重要性将愈加凸显，为从业者的职业生涯提供更多可能性和更广阔的空间。

四、终身学习与职业发展

（一）终身学习理念对翻译职业的重要性

终身学习是一种持续学习与自我提升的理念，已经成为翻译行业从业者应具备的基本素养之一。在翻译领域，语言的不断演变、新词汇的涌现以及翻译技术的更新，要求翻译人员能够以开放的态度不断更新自身的知识储备，通过持续学习，翻译人员能够适应市场变化，保持自身的职业竞争力并在激烈的行业竞争中脱颖而出。

（二）多领域知识的学习与跨学科能力的培养

翻译行业涉及广泛的领域，覆盖文学、法律、医学、科技等多个学科，翻译人员需要具备多领域知识才能满足不同客户的需求，在这一背景下学习跨学科知识不仅可以提升专业能力，还能扩展职业发展的可能性。医学翻译需要了解医学术语及相关背景知识，科技翻译则要求熟悉技术术语及行业动态，通过学习与翻译领域相关的学科知识，翻译人员能够更加精准地完成任务，同时赢得客户的信任与认可。

（三）语言能力的持续提升与优化

语言是翻译行业的核心工具，但语言能力并非一成不变，而是需要随着时代的发展不断优化。在全球化的推动下，不同地区语言的用法和风格正在发生变化，这就需要翻译人员通过阅读、听力训练以及实践，不断提升自己的语言表达能力；学习第二外语或多语种翻译技能也能够帮助翻译人员开拓更大的职业发展空间，并提升其在市场中的竞争力。

（四）翻译技术的学习与适应

翻译技术的发展给翻译行业带来了深远的影响，翻译人员需要不断学习新技术以适应这一变化趋势，计算机辅助翻译工具、语料库管理以及人工智能翻译系统的使用已经成为现代翻译行业的重要组成部分。翻译人员需要熟练掌握这些工具的操作，同时了解其应用的局限性，以确保翻译质量和效率的双重提升，在技术快速发展的时代，技术学习与适应能力已成为翻译人员不可或缺的职业技能。

（五）行业趋势的观察与知识储备的更新

翻译行业的发展趋势与社会经济、文化交流和技术创新息息相关，翻译人员需要具备敏锐的行业洞察力，以便及时调整职业规划，通过学习与翻译相关的市场动态、客户需求以及国际交流趋势，翻译人员可以更好地规划自己的学习路径。同时储备与翻译相关的知识，包括不同领域的专业术语、新兴行业的表达习惯以及目标受众的文化特征，也能够有效提升翻译质量与职业竞争力。

（六）学习资源的选择与利用

终身学习需要借助多样化的资源，翻译人员可以通过线上课程、学术研讨会以及行业论坛获取最新的知识与技能。知名的翻译学习平台和资源，如 ProZ、Coursera 以及翻译协会的培训课程提供了大量高质量的学习机会；阅读专业书籍、研究案例分析以及参加翻译比赛也是有效提升自身能力的途径；在选择学习资源时应根据自身的职业目标与兴趣领域，制订针对性的学习计划以实现学习效果的最大化。

（七）个人学习计划的制订与执行

有效的学习计划是终身学习的关键部分，翻译人员需要结合自身的工作安排和职业目标,制订长期与短期相结合的学习计划。在制订计划时需要明确学习目标、时间安排以及阶段性成果,可以设定每月完成一本专业书籍的阅读或每季度完成一个翻译相关的线上课程,通过分解目标并逐步完成,翻译人员能够在长期内不断提升自己的专业能力与职业素养。

(八)持续学习对职业发展的影响

终身学习不仅能够帮助翻译人员应对快速变化的市场环境,还能够提升个人的职业稳定性与发展潜力,通过学习新技能和新知识,翻译人员可以拓展业务范围,提高服务质量,并获得更多的职业机会。持续学习还能够增强翻译人员的自信心与职业满足感,为其在职业生涯中保持积极心态和动力提供重要支持,在未来的翻译行业中终身学习将成为从业人员实现职业成功的核心要素之一。

(九)终身学习与职业竞争力的关系

职业竞争力不仅仅取决于现有能力,还与学习能力和适应能力密切相关,翻译人员在不断变化的行业中,通过终身学习保持与时俱进的能力可以巩固自身在市场中的地位。终身学习的理念不仅体现在技术与知识的更新上,也包括对行业动态的敏锐感知和对新事物的快速适应,在未来的职业发展中翻译人员需要将终身学习作为提升竞争力的战略手段,不断充实自己的职业技能储备。

结 语

本书系统地探讨了现代翻译理论、翻译技巧、翻译质量评估与提高、科技对翻译的影响以及翻译从业人员职业发展的多方面内容，从理论基础到实际操作，从语言学视角到跨文化视野，全面剖析了英语翻译这一复杂而重要的领域，并对未来翻译行业的发展趋势与从业者的职业路径进行了深入探讨。翻译作为一种跨文化的沟通行为，其核心不仅在于语言的转换，更在于语境、文化以及目的的充分理解与表达。文本从翻译的定义、原则及分类入手，结合现代翻译理论的多样流派，深入阐述了翻译中功能、文化及语境等关键要素的重要性，特别是在分析现代翻译理论的发展时指出了后现代翻译观对传统翻译模式的挑战和启发，强调翻译的多元性与灵活性，为读者提供了丰富的理论框架。

在技巧层面，本书详细探讨了词汇、句法、语篇以及文体翻译的策略，结合不同语言结构的特点与文化背景，提出了适应性翻译的具体方法，这些内容不仅关注了翻译的准确性还重视翻译过程中的风格、连贯性与文化适应能力，为实践翻译提供了全面的技术支持。随着科技的发展，翻译的手段和工具也在不断革新，针对机器翻译、计算机辅助翻译工具及语料库翻译的应用现状与发展趋势进行了详细探讨，并指出了人工智能和深度学习对翻译行业的深远影响，这部分内容为翻译从业者提供了面向未来的视角，帮助其在技术驱动的翻译环境中保持竞争力。在翻译质量的控制与提高方面，从评估标准、错误类型以及质量控制方法三个维度进行阐述，并提出了多样化的提升策略，通过分析翻译过程中的常见问题以及反馈机制的重要性，为如何实现高质量的翻译提供了清晰的路径。

翻译行业的可持续发展离不开从业人员的不断成长与职业规划，本书不仅指出了翻译行业的市场需求与竞争环境，还从语言能力、跨文化理解力、职业道德以及终身学习等方面系统探讨了翻译从业者的职业素养。针对翻译职业的规划与发展，提出了包括专业证书获取、网络平台利用、跨学科结合等在内的多样化途径，强调了职业灵活性与持续学习的重要性。

在全球化与科技快速发展的背景下，翻译行业面临的挑战与机遇并存，翻译人员不仅需要在传统领域不断优化自身能力，还需在新兴技术的推动下开拓新的职业路径。本书希望为推动翻译行业的高质量发展贡献力量，并为从业人员的职业成长提供有力支持。

参考文献

[1] 都鸣晖. 当代英语翻译教学理论及实践多角度探究——评《新时期英语翻译理论与实践的多维度研究》[J]. 外语电化教学, 2023（1）: 104.

[2] 彭阳华. 当代高校英语翻译理论与实践的多角度探究——评《新时期英语翻译理论与实践的多维度研究》[J]. 外语电化教学, 2022（4）: 2.

[3] 左苗苗. 基于翻译教学理论研究的翻译实践：启发与反思——评《高校英语翻译教学理论与实践探究》[J]. 中国教育学刊, 2023（6）: 20.

[4] 刘泽林. 现代英语翻译理论与教学方法研究——评《英语翻译理论的多维度阐释及其应用探索》[J]. 外语电化教学, 2021（3）: 121.

[5] 罗茜. 多维度下英语翻译理论与英语翻译教育数字化——评《英语翻译理论的多维度阐释及其应用探索》[J]. 外语电化教学, 2021（5）: 117.

[6] 彭琴. 生态翻译理论下高职英语翻译教学探究[J]. 海外英语, 2023（24）: 225-227.

[7] 罗亮. 英语教学新模式与翻译技巧探究——评《英语教学与翻译理论研究》[J]. 中国教育学刊, 2021（4）: 1.

[8] 谭光裕, 陆丹云. 探析新时期英语翻译的理论创新与应用——评《新时期英语翻译理论与实践的多维度研究》[J]. 中国高校科技, 2023（4）: 13.

[9] 刘颖霓, 黄开红. 文本类型翻译理论下大学英语翻译教学范式研究[J]. 现代英语, 2023（11）: 73-76.

[10] 李琮. 语境理论框架下的大学英语翻译教学实践研究[J]. 现代英语, 2021（7）: 54-56.

[11] 杨木森. 浅析交际翻译理论下的英语新闻翻译［J］. 文学少年，2021（21）：2.

[12] 徐莹. 基于中西方文化差异的英语翻译理论及技巧——评《现代英语翻译理论与实践研究》［J］. 社会科学家，2021（9）：1.

[13] 吴祖风. 功能翻译理论视角下英语翻译技巧应用探讨［J］. 海外英语，2024（7）：34-36.

[14] 崔瑶. 功能翻译理论视角下的大学英语翻译教学［J］. 英语广场 2024（2）：72-75.

[15] 李星星. 基于功能翻译理论的高校英语翻译教育实践探析［J］. 现代英语，2023（14）：104-107.

[16] 谢丽琴. 高校英语翻译教学理论与翻译技巧探究——评《实用英语翻译》［J］. 中国教育学刊，2021（10）：1.

[17] 游瑞娇. 跨文化视角下英语翻译理论研究——评《英语翻译理论的多维度诠释及实践应用》［J］. 中国高校科技，2022（1）：17.

[18] 席敬. 功能翻译理论下的高校英语教学策略——评《翻译学导论——理论与实践》［J］. 中国教育学刊，2021（8）：1.

[19] 王冰. 高校英语翻译理论与实践研究——评《英语翻译与语言学》［J］. 中国高校科技，2021（10）：107.

[20] 李引. 基于翻译理论英语翻译的能力培养［J］. 大众标准化，2021（13）：3.

[21] 解雅莲. 大学英语翻译教学中理论与技巧分析［J］. 海外英语，2023（11）：97-99.

[22] Lee S T, Van Heuven W J B, Price J M, et al. Translation norms for Malay and English words：The effects of word class, semantic variability, lexical characteristics, and language proficiency on translation［J］. Behavior Research Methods，2022：1-17.

[23] Qiuyan Z. Empowering language learning through IoT and big data：an innovative English translation approach［J］. Soft computing：A fusion of foun-

dations, methodologies and applications, 2023（17）：27.

［24］Zhu D. Diversified and Innovative Practices of English Translation Teaching Combining Multi-Cluster Structural Modeling［J］. Applied Mathematics and Nonlinear Sciences, 2024, 9（1）.

［25］Jilu T. Unseen and Unheard：Increasing the Visibility of Limited English Proficiency Individuals Through a Language Justice Framework［J］. American journal of public health, 2024, 114（2）：190-192.

［26］Colina S, Miriam Rodríguez-Guerra, Marrone N, et al. Research Documents for Populations with Limited English Proficiency：Translation Approaches Matter［J］. Ethics & Human Research, 2022, 44.

［27］Adkins D A. Lost in Translation：Limited English proficiency and navigating health care［J］. Journal of Pain and Symptom Management, 2024, 67（5）：646-647.

［28］Vanessa Enríquez Raído, Cai Y. Changes in web search query behavior of English-to-Chinese translation trainees［J］. Ampersand, 2023, 11.

［29］Baek H, Tae J, Lee Y, et al. Effects of Native Translation Frequency and L2 Proficiency on L2 word Recognition：Evidence from Korean Speakers of English as a Foreign Language［J］. Journal of Psycholinguistic Research, 2022：1-18.

［30］Togioka B M, Seligman K M, Delgado C M. Limited English proficiency in the labor and delivery unit［J］. Current opinion in anaesthesiology, 2022, 35（3）：285-291.

［31］Tabrizi A R N, Etemad P. Check the grammar of your translation：The usefulness of WhiteSmoke as an automated feedback program［J］. Literary & linguistic computing：Journal of the Alliance of Digital Humanities Organizations, 2021（2）：36.